JN077167

クオン
人文・社会シリーズ
09

日・中・韓 伝統インテリア

四合院、書院造、班家韓屋の装飾と美

Park Sun Hee パク・ソンヒ ［著］

吉川凪 ［訳］

CUON

クオン
人文・社会シリーズ

09

日・中・韓 伝統インテリア

四合院、書院造、班家韓屋の装飾と美

Park Sun Hee パク・ソンヒ［著］

吉川凪［訳］

CUON

Interior design   Traditions of Japan, China, and Korea
By Park Sun Hee
Copyright© 2014 Park Sun Hee All rights reserved.
Original Korean edition published by Booksea Publishing Co.
Japanese translation copyright© 2020 by CUON Inc.
Japanese edition published by arrangement through K-BOOK shinkoukai.
The 『日・中・韓　伝統インテリア』 is published with the support of the
AMOREPACIFIC FOUNDATION

はじめに

　本書は東アジアの３カ国（韓国・中国・日本）を対象に、装飾の美を謳歌したと思われる上流階級の伝統的なインテリアを比較・考察したものだ。作業に当たって定めた基準と指標は次の通りである。

　インテリアという概念が含む要素はさまざまだが、伝統社会において重要な装飾要素として活用されたもの、つまり屋内外の仕上げ、窓や戸などの空間構成方式を始め、家具、インテリアパーティション、室内用品などを中心に調べた。

　装飾は視覚的要素であり物証が必要であるため、現在遺構として残り、筆者が観察・分析できるものを一次対象として選んだ。

　〈上流〉の意味と範疇としては、ひとまず住宅の物理的規模が一定水準以上のものに限定し、中国と韓国の王室の一部、日本の大名とそれに関連する支配者層も上流に含めた。なぜなら上流層で表現可能な装飾要素は、上流層の階級によって制限されたり、その装飾の範疇が特別に区分されたりするわけではないからだ。

　中国の四合院は文化革命以来、ほとんどが破壊された。北京に残るいくつかの遺構も、写真以外に住居の歴史や図面がわかる資料を探すのは困難であり、書籍に載っている図面も出処未詳のものがほとんどだ。調査対象を北京に限定するのも問題があるため、上海の園林邸宅、江南の水郷の四合院も含めることとした。四合院住宅では、インテリア装飾の要素に共通の指標を確認できた。ただ、長い歳月の間に多くが混用され、四合院の復元や修理過程でどの程度正

確な考証が行われたのかは、よくわからない。それでも現存するあらゆる要素を中国人の美意識として認め、作業を始めた。

　日本の上流階級についての資料もまた不十分だった。大名屋敷のほとんどがすでに消えてしまっているからだ。江戸の大名屋敷の多くは、今や官公庁や学校へと姿を変えている。近代化の過程で封建社会に対して否定的な認識が広まったせいか、日本の学者の著書を探しても、消えた大名屋敷の図面はほとんど見つからなかった。そんな中、金沢に残る遺構や田園に建てられた別荘、江戸東京たてもの園に移築された屋敷を見ることができたのは幸いだった。また東京にある日本民芸館西館（旧柳宗悦邸）も許可を得て調査を行なったが、近代的な要素が採り入れられており、本書ではあまり活用できなかった。

　韓国は文化財庁に登録されている朝鮮時代の韓屋（ハノク）のうち、上流の班家（バンガ）（両班（ヤンバン）階級の家）を対象とした。ただ雲峴宮（ウニョングン）のように、一部復元された事例も含めている。家具や装飾要素は対象家屋に関係している場合はあまり多くないため、朝鮮時代の上流層のインテリアの一般的要素を抽出して調査した。

　本書は何よりも、東アジア３カ国の室内空間と装飾要素の研究をまとめた初の試みだという点に意義がある。しかしながら、より深い分析をするには力不足だったことを、ここで告白したい。それでも３カ国の伝統インテリアの比較考察を通じ、各国の文化的な特性や、暮らしの美学の違いを具体的に示すよう最善を尽くし、韓国、中国、日本がそれぞれ固有のインテリア様式という高雅な実を結んだことを認識しなおす場となることを願い、初めの一歩を踏み出した。

目　次

1 東アジア住居文化の理解

01　住居は文化だ

　住居は、住宅以上の意味を持っている。住居に表れる生活様式
は、文化の表現だからだ。人間は集団のメンバーとして生活様式に
合わせて住居をデザインし、選択し、改善しながら、住居を通じて
夢をはぐくむ。

　「住居は文化だ」という今日の認識を広めた人物は、アメリカの
人類学者・建築学者アモス・ラポポートだろう。

　ラポポートは『住まいと文化』の中で、人類の土俗住居の形態を
対象に、なぜ気候が同じでも家の形が違うのか、なぜ同じ資材で建
てた家が種族によって丸かったり四角かったりするのかなどを分析
した。気候条件を含む自然環境はもちろんのこと、社会思想、宗
教、生業との関連性、空間の聖と俗、私生活と領域性、男女関係、
客をもてなす方法などあらゆるパターンを考察し、その結果「家は
社会制度（social institution）」であると結論づけた。

　現代アジアの〈文明化〉された住居形態に、西洋の影響が強いこ
とは否めない。しかし驚くべきことに西洋の住居史において、近代
的な空間の歴史はさほど古くないのだ。実際、ヨーロッパでは 17
世紀まで、部屋の区分や個人の空間における私生活がなかった。

　フランスでも 17 世紀初めまで、部屋とはいろいろな役割を持つ
混沌とした空間だった。部屋と呼ばれる空間を、大人と子供はもち
ろん、主人と下人が共に使用したし、中流や上流の家庭でもベッド
を広間や居間に置くのは当たり前だった。当時、ベッドは特権を誇

示するための最上の手段であり、唯一の家具だった。一つの部屋で下人や客までが一緒に寝る風習は、17世紀パリの大邸宅やルーブル宮殿でも見られた。

今日のような居住空間の分化は中世後期に始まり、18世紀フランスでも〈私的〉なものとみなされる空間が、貴族の邸宅を中心に出現した。

これに対し東洋では、早くから中国を中心に、人間の生と日常生活について多角的な思想的探求が行われてきた。韓国と日本も、中国の思想や哲学に大きな影響を受けている。中国思想によれば、人は宇宙万物の中心であり万物を解する尺度で、伝統的な天人合一思想は、天と人の統一性と合理性を強調している。

『中国文化概論』を著した李宗桂は、「中国文化が倫理道徳を核とし、儒家倫理中心主義を出発点とするという信念は、すべての文化体系に共通する特徴」であるとし、「あらゆる文化には特殊な目標が含まれていて、それぞれの文化模式を有している。この文化模式は、民族文化の構成要素や方式、それに表れた典型的な特徴を見せているから、これを通して特定の人間群とその生活文化の関係を説明することができる」とした。東アジアでは長い歴史の中で、人間の暮らしについて真摯に省察してきた。特に中国の哲学や思想が伝授され、悠久の文化や歴史を継承したが、中でも重要なのは家族だ。家族や家門という概念は、家と同じく、〈孝〉という思想によって支えられてきた。〈孝〉は強い結束を象徴する、家族主義の価値観だ。

一方、ヨーロッパでは18世紀後半に〈家族〉という概念が登場し、19世紀に入ってようやく空間と家族を結びつける概念が生まれた。そのためフランスの歴史家フィリップ・アリエスは「近代社会で勝利したものは、個人主義ではなく家族」だとしている。

こうした観点から、東アジアの伝統住居こそ、家族という概念や空間使用などの生活文化が、果物が熟すように長い時間をかけて家の構造や室内空間の多様な要素、美的表現を調和させながら形成した、貴重な遺産だと言えるだろう。特に韓国、中国、日本は、東洋思想という共通分母の中でもそれぞれ固有の生と生活を、家という物理的空間の中で発展させてきた。

　したがって、〈家〉という空間においてインテリア装飾要素や美的感性がどのような意味を持ち、どのように表現されたかを調べるのは、東アジアの新しい価値を発見する、意義深い作業だ。

02　インテリアは文化的アイデンティティのアイコン

　人類の歴史は、意外にも装飾と共に始まる。洋の東西を問わずすべての文様装飾は自然から生まれた。呪術、トーテム、メッセージの歴史は、まさに装飾の歴史だ。

　装飾行為は美的な関心や態度を持つことから始まった。美しさとは、感覚的な喜びをもたらし、心を引きつける調和の状態だ。こうした美の範疇には自然美、造形美、芸術美そして手工芸の機能美が挙げられる。

　装飾表現の始まりは主に文様だった。先史時代の土器文様こそ人類による美的行為の第一歩と言える。自然から得ることによって得られた文様は、今日に至るまで人類が最も愛するモチーフだ。

　中国や西洋のインテリアにおいて重要な椅子のデザインも、すべて自然からインスピレーションを受けている。韓国の代表的な木製家具である小盤（小さいお膳）の脚は、動物を模している。狗足盤の脚は犬、虎足盤の脚は虎の脚の形だ。西洋建築に大きな影響を与えたギリシャ・ローマ建築を特徴づけたのは、柱の上部を装飾するために彫られた文様だった。

　このように、装飾とは一般的に物や建築物、身体などを飾るためのもので、視覚的な美を加え、文様にちょっとした意味を持たせたりすることもある。〈飾る〉という概念はかなり包括的であり、そこには〈計画〉という意識が内包されている。こうした意味で装飾とは、精巧な文様から、空間を計画し造成することまで、あらゆる

ところに適用できる概念だ。

西洋では装飾が装飾美術（Decorative arts）に発展し、実用的なものをデザインし製造するという意味も持つようになった。そして現在、装飾美術は、機能のない純粋美術と対照的な概念として定着した。これを室内空間に適用したものがインテリアだ。したがって、室内装飾と訳されるインテリアという言葉には、装飾に加えデザインという概念も含まれている。

インテリアデザインが室内全体を扱う建築領域を指すのであれば、インテリア装飾は、主に人間の感覚に届く繊細な美的領域を指す。室内空間を用途と機能、雰囲気などに合わせて美学的に飾り、建築の装飾的な味わいを増し格調を高めてくれるのが、インテリア装飾だ。

伝統社会の装飾は身分階層に関連しており、深い象徴体系を持っている。また装飾するという行為は、今よりはるかに厳格な社会的規範の中で、選択の範囲も制限されていた。

東アジアの封建社会では日常すべての行為が階級による規制や、社会的、思想的な規範と関連していた。朝鮮王朝では『経国大典』が国の基本法典とされ、家の大きさから装飾の制限に至るまで、あらゆる規制が記されていた。家庭における礼法は『朱子家礼』に示されていた。両班は真っ先に規範を受け入れ、遵守する模範を見せなければならない支配階層だった。

中国や日本にも厳しい法や規範があった。もちろん実際の生活は階級や家族、家門ごとに違いがあっただろうが、当時の生活文化に反映された美意識や、美的表現についての規制や規範のために、その様相は現代と大きく異なる。伝統家屋の形態や規模はもちろん、彩色を含めた一切の装飾行為も身分によって規定されていた。

装飾的特性は身分の目印となり、身分を誇示するための機能も担

うようになった。伝統社会において視覚的にとらえられる文様、色彩、大きさなどは、どれも身分階級と関連のある表現だったからだ。

このように住居の規範や機能、あるいは家族関係などにしたがい、長い歳月をかけて定着した空間構成と活用方法は、まさしく文化そのものだ。男性・女性、先祖・祭祀、大人・子供、主人・客、日常・非日常的行為などのさまざまな要素とそれらの関係を、互いにどのように認識し結合させたかによって、その国の社会文化的な背景と特性がよくわかるからだ。

家を建てる時、韓国では主に松を使用し、その他の木は雑木とされたが、日本では杉を主に使用した。中国は、韓国や日本よりもはるかに広大な大陸において多種多様な高級木材が豊富に産出されたし、彩色にも積極的だった。中国は巨大大陸国家、日本は島国、韓国は半島国家という特性も、３カ国の生活文化における美的感覚と法則の形成に明確な違いをもたらした。

生活様式を見ても、韓国と日本は長いあいだ座式生活（床の上に座る生活）を続けてきたが、中国は宋の時代から立式生活（椅子に座る生活）に変わり、上流階級に椅子とベッドが普及した。つまり機能と機動性中心の生活に変化したということだ。

家の構造も、韓国では寒い冬に備えてオンドル文化が発達し、マルと呼ばれる板の間と統合されて独特な構造の韓屋を誕生させたが、海洋性気候で蒸し暑い日本では冬より夏を重視し、床の快適性を高めるために畳を開発して、板の間と統合した。また室内の収納空間は、地震に備えてすべて造りつけにした。中国の代表民族である漢民族は、室内の片側に床を高くした〈炕〉というオンドルを造り、冬をしのいだ。

このように長い歴史の流れの中で３カ国の住居様式を形成した文

化的な違いは、気候などの自然条件がまず要因として挙げられるだろうが、社会や思想なども大きな影響を与えている。

　ホーリークロス大学（アメリカ）のデイビッド・フモン（David Hummon）は、住宅や家の中にある物は時として社会的地位や階層を表わし、集団的アイデンティティの差別化や統合、表出のための非言語的標識として重要な役割を果たすと指摘している。

　こうした観点から、３カ国の伝統住居のインテリア要素は、社会階級の同質集団のアイデンティティが現れた文化的特性だと規定できる。そしてこれらの要素は、文化的アイデンティティのアイコンとして、現代インテリアにも継承されている。

　このような趣旨で、まずは３カ国の代表的な伝統住居である中国の四合院、日本の書院造、韓国の班家韓屋を対象に、各住居のインテリア装飾要素と、その美学的様式を見ていこう。

2 中国文化の結晶
——四合院

01　四合院の構成原理と背景^(註)

　四合院は中国建築の原型であり中国文化の結晶だと言える。漢代
に華北地方で発達し、中国全土に広がった漢民族固有の伝統的住居
だ。西周時代（紀元前1046〜771）初期に登場して遼代に基本構造が
形成され、明・清代に完成した最も古い住居様式で、2000年前の
漢代の墓から出土した明器（副葬品）にも、四合院を模したものが
ある。

河北省から出土した3世紀の住宅明器

中華思想と、無限増殖する「箱の空間」

四合院はその名の通り、母屋である正房、脇棟である東廂房と西廂房、大門（屋根のついた正門）のある倒座房という四つの建物が中庭を取り囲む、ロの字形の閉鎖的な住居形式だ。

木構造と壁式構造が混じった四合院は、最も重要な空間である中庭を幾重にも囲う、重層的な構造だ。居住空間の中心となる南北の軸に沿って無限に増殖するのが特徴で、これは中国人の世界観とも関わりがある。

中華思想によれば、中国は世界の中心であり、中央にいる皇帝を核として箱の空間が無限に反復、拡散する。こうした観点から中国人は、都市も中国的な世界観を持った小宇宙として捉え、住居もまた、同じ世界観と空間秩序を持つ、縮小された小宇宙だと認識していた。そのため四合院も、箱のように内部を囲む空間を具現している。このような空間概念は当初、過酷な寒さなどの自然条件や、外部の侵入から内部を保護するためのものだったのだろうが、時が経つにつれ、険しい外部環境から分離された内部空間が独立的で自由な小宇宙を形成し、内向的で深層的な空間概念に発展した。

閉鎖的で内向的な箱の空間の配置や使用は序列によってなされるが、その根底には皇帝を頂点とした儒教的秩序がある。

中国封建社会では、居住者の階級によって、住宅の規模から装飾に至るまで厳しい制約があった。男女有別（男女を別にすること）や長幼有序（大人と子供の間にある秩序のこと）などの大家族制度、宗法制度、住宅世襲に基づく官僚制などが、その背景にある。特に正房の前面の幅については制約が厳しく、一般的には３間以上は禁止されていた。儒教の礼儀制度が居住空間の構成にも反映されたもので、こうした秩序は漢代に定着し始めたと推測される。この頃から住居の左右対称構成と、正房を中心とした位階的構造が形成され

た。

　加えて風水も、住居の立地、また空間要素の方位や位置の決定に
大きな影響を与えたようだ。昔から中国人は、家を建てる前には必
ず土地を調べた。気候や資材、あるいは建物の用途にかかわらず、
宇宙的な呼吸である〈気〉の流れに調和させるという、風水に基づ
いた空間構成原理は、3世紀にはすでに確立している。

　また、外部から独立した理想郷を目指す四合院の内向的構造や、
自然との合一を追求する園林の造りにも表れた道家思想、軸的構
造の根幹をなす陰陽五行説もまた、居住空間の構造原理の背景にあ
る。

　中国特有の住居構造の原理について、ソン・セグァンは、四合院
の空間構造には儒教思想が、園林には道家思想がそれぞれ大きく影
響していると指摘した。また四合院の基本構造は建物の中央に公的
空間である〈堂〉（居間）を置き、その両脇に私的空間である臥室を
置く、〈一明二暗〉の原理に基づいていると指摘している。

　一方、北京の四合院は木造で、松やニレの木を使用し、壁は保温
のためかなり厚くレンガを積み上げてある。

　四合院は、田舎にもあるものの代表的な都市型住宅であり、地域
によって中庭の規模、壁の厚みなどが異なる。中・小型のものは主
に一般庶民や豊かな商人層、大型や複合型のものは貴族や官僚層の
住宅として使われ、中国建築の原型として住宅以外の建築の基本パ
ターンにも広く活用されてきた。

空間デザインの「軸」と「対称」

　中国のほぼすべての都市は平地にあって周囲にも山がなかったた
め、家の領域を囲み保護する建築的秩序が必要とされた。こうした
自然条件から来た秩序の原理が、中心を追求する中華思想と交じり

あったものが、中国住宅の形式美をなす〈軸〉と〈対称〉だ。

　四合院の建物は南北の縦軸を中心に完璧な対称になっており、縦軸には核となる正房を配置し、中庭も軸の中心に置いた。この整然とした配置は、家長の住居である正房を中心に構築された位階秩序の表れでもある。このような配置原則や秩序規範は、一般家屋だけでなく王宮にも適用された。元来は南北の縦軸上に位置していた大門が今のように東南の隅に移ったのは、宋の時代に普及した風水思想で東南が南よりも吉方位だと信じられたためだ。

四合院の核心は〈小宇宙〉としての中庭

　漢民族によって中国全土に広がった四合院は、その地方の気候などの自然条件や、生活習慣などによって変化を遂げた。一例を挙げると、北京の四合院は南方のものと違い、建物同士が直接つながっていない。しかし家の配置だけは、どの地域においても四合院特有の中庭型（ロの字形）が固守された。

　一般的に中庭型家屋の庭は、気候や機能に合うよう造られるが、四合院における中庭の意味や価値は、文化的にまったく異なる。四合院において中庭は最も核心をなす空間で、〈内苑〉または〈院子〉と呼ばれ、住宅を設計する際、風水地理的にも最優先に考えた。これは、家の向きを決める時に内房のある母屋と大門との関係を重視する韓国とは、まったく違う。

　四合院の中庭は居住空間の核であり、これを中心に家族の生活空間が配置される。日常生活において室内空間と密接に関わって一つの役割を果たす居間のような空間で、韓屋のからっぽな庭とは対照的だ。一方で外部から隔離されて自然と触れあいながら静かに思索にふける空間でもあり、居住者にとっては自分だけの小宇宙といったところだ。

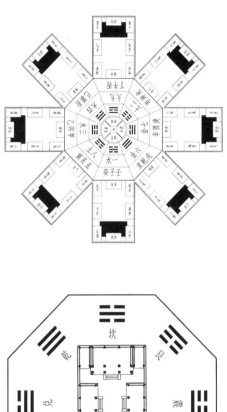

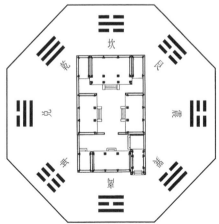

先天八掛による住宅の方位や空間の関係

一般的に中国の住宅で中央に庭を置くのは、厳しい外部世界から保護された空間を造り、その中に豊かな自然を置くという、中国人の意識世界を反映している。

　こうした空間構造は風水的概念の産物でもある。風水的な空間体系とは、穴から湧き上がる気を逃さないための装置だ。四合院では、正房の中心である祖堂が気を噴出する穴であり、それに向かい合う中庭が明堂（吉祥の場所）だ。四合院の構造が閉鎖的なのは、中庭に気の流れを集めるためだ。最も重要な正房は中庭に向けて開口部を造り、反対側には開口部を設けない。しかし四進四合院のように大規模な住宅では、一つ目の中庭に位置する建物は庁房といい、接客と儀礼に使われる。その前後に門がある。

　四合院の配置は、中庭の前後に前庭（前院）と後庭（後院）があるか、側面に建物はあるか、四合院の基本空間が連続して反復、拡張されているかどうかによって大きく異なる。

　中庭を４棟の建物で囲んだロの字形の空間を一つの単位として〈一進〉と呼び、この空間が２つ、３つと繰り返し拡張されると二進、三進と呼ばれ、住宅の規模が大きくなる。例えば、大門の次に重要な門である垂花門のない基本形の四合院は一進院、垂花門があり大門との間に小さな出入り口となる庭園がある場合は二進院と呼ばれる。つまり庭園の数によって住宅の呼び名が決まる。

　四進院の家屋には、廂房の裏に長い建物を配置した〈一主一次式〉や、南北ではなく東西に並べて配置した〈両組連立式〉もある。中流層の家屋はたいてい一進院で、大きくても四進院を超えることはなかった。花園を造ると大邸宅になるが、王族の大規模邸宅は七進院や九進院に達するものもあった。

　また層数によって単層四合院と多層四合院に分けられる。単層四合院は封建社会の風水信仰から、大門が中心軸にあるか、東南、西

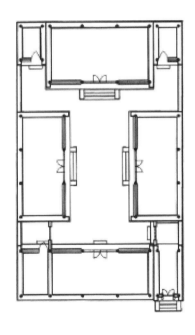

四角い敷地に整然と配置された四合院の家屋。
垂花門がある二進四合院の基本平面図

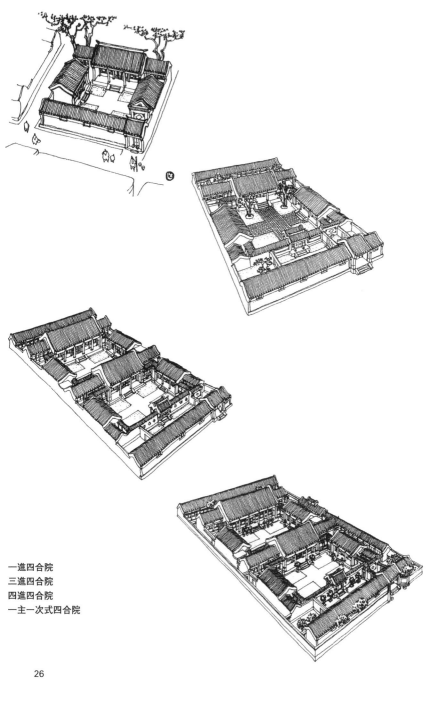

一進四合院
三進四合院
四進四合院
一主一次式四合院

26

北あるいは東北に位置するかどうかによって２つに分類される。前者は淮河以南と東北地方に、後者は北京を中心に山東、山西、河南、陝西省などに分布する。

　四合院の空間構成原理に従いながらも、より強い内向性と閉鎖性を持つ２層以上の木造家屋群が発達した場所が徽州だ。安徽省南部に位置し、浙江省、江西省と接するこの地域は、揚子江の南で、自然景観が素晴らしい。有名な江南の水郷・蘇州、杭州とその近くの上海でもこうした２層住宅が建てられた。拙政園、豫園、西塘の村の朱氏の家が、徽州の住宅だ。

　以上の類型に属さない四合院は、各地方の少数民族の土俗家屋で、いろいろな形態がある。

　四合院は主に上流階級である貴族、地主、富農、商人などが住んだ都市住宅であるため、文化革命でほとんど破壊されてしまった。その後、転用されたり、賃貸用の小規模な家が四合院の中に無秩序に造られたりして、残念なことに一部を除き、本来の形態と機能を失ってしまった。後に観光用価値のある主要な建物を修理、復元し再建する政策が採られてきたものの、四合院の個別の歴史がわかる資料は、きわめて少ない。

北京の魂──胡同

　迷路のように広がった北京の路地を胡同と呼ぶ。胡同は四合院を理解するのに重要な都市文化だ。

　四合院は漢代以降、主に貴族や富裕層の邸宅として使われたが、現在では一つの建物に複数世帯が住む共同住宅のほか、飲食店やホテルとしても利用されている。有名人の住居だった大規模な四合院は行政機関や記念館に変わっている。

　北京の旧城内を碁盤の目のように走る路地が胡同で、その中に四

合院が建ち並ぶ。胡同は中国の都市の長い歴史を象徴する空間として知られる。隋・唐の時代には城以外の地域を108の里坊（近所という意味だが、一種の用途区域だと推定される）に、宋代には121の里坊に分け、その中に区域別居住地を定めたという。胡同は元代に出現し、名前も井戸あるいは村、つまり人々が集まり暮らす場所を意味するモンゴル語に由来し、その歴史も800年を越えるという見解が有力だ。

　珍しい建物や美しい花園などの独特な空間構造と文化を持つ胡同は、それにまつわる故事や物語がたくさんある。胡同自体が歴史や民俗の資料であり、民間故事の発祥地、伝統文化の宝庫だと言える。

　北京の魅力は、都心のあちこちに巡らされた胡同と、四角く端正な四合院を抜きにしては語れない。北京の象徴であり歴史そのものである胡同の配列や特質は、四合院に大きく影響したと思われる。そのため胡同を知らなければ四合院を理解することは難しい。地理学的名称に関する国連専門家グループ（UNGEGN）の中国協会長を歴任した北京の都市文化運動家の劉保全は、著書『北京の胡同』で「胡同こそ北京の魂であり、その魂を形づくる要素が四合院である」と述べている。

　胡同の風景は、四合院の大門と高い塀によって演出される。行き交う人々は、閉鎖的な高い塀の中を見ることができなくて気になる反面、自分も塀の中の人には見えないという安堵感もあって、不思議な感覚が交差する。

　北京にある胡同は幅7m前後で、四合院の塀は4mにもなる。胡同と四合院の高い塀は、外の公的空間から住居内の私的空間へ入る際の中間地帯として機能し、隣人同士の交流や共同体の結束を高める効果もある。

胡同の発達は、北京の中心である紫禁城の建設計画とも関連がある。北京の人口は明代には30万人ほどだったが、清末期には100万人を超えて住宅需要も激増したからだ。周の王都時代から明・清の北京にいたるまで、家屋はすべて秩序正しい胡同の四角形や丸形の一定の宅地に建てられた。四合院の空間構造がこうした宅地に好都合だったのだ。

　中国の著名な小説家であり文明批評家である林語堂は、『京華煙雲（邦題：『悠久の北京』四竈恭子訳；中山時子監修、白帝社、1993。ただし、引用文は韓国語訳からの重訳）』の中で、胡同の情景を次のように描写している。

　　夜の静寂が訪れると、家の中は平穏に包まれる。それは静寂でありながら静寂ではない。胡同にそっと活気が満ちていくからだ。昔は鍾楼で人定（夜間通行を禁じるために鐘を鳴らすこと）を知らせていたが、今では市庁が雇った夜回りが真夜中に3回、明け方に5回、拍子木を打ち鳴らす。胡同の行商人の大きな声は柔らかい低音で、遠くまでよく響く。西洋人の中には行商人の声のせいで眠れないと話す人もいるが、その声の独特な響きが心地よく、子守唄のようだと言う人もいる。

　　冬でも夏でも、胡同は行商人の大声であふれている。彼らは路地の静けさを壊さないよう気遣いながらも、それとなく人々の生活を活気づかせる。……行商人の往来は胡同の閑寂を打ち破るほど頻繁ではなく、むしろ胡同に生気を吹き込んでいるようだ。

　　胡同では皆四合院に暮らし、庭の一角にはザクロの木や、金魚の泳ぐ蓮池がある。夏になると人々は松の木の下にある籐椅

子に腰かけ、のんびりとジャスミン茶や緑茶をたしなむ。たった20銭の茶代を払うだけで、夏の長い午後もあっという間に過ぎてしまう。茶館では焼きたての羊肉を食べられるし、名士、高官、豪商、一般市民、露天商などが白酒を酌み交わしている。……耳元で軽やかに鳴り響く路上理髪師のはさみの音、路地じゅうを回り骨董品を買いつける骨董商の太鼓の音、冷たい梅ジュース売りが銅器を叩く音が聞こえてくる。

　にぎやかな大通りと違い、胡同はくねくねと続いているため、時おり胡同を歩くと、知らず知らずのうちに昔のことを思い出し、静かに考えごとができる。……どの家にも庭園をぐるりと囲む高い塀があり、大門は堅く閉ざされている。たとえ大門が開いていたとしても、中庭は緑色の影壁で隠されており外から中を見ることはできない。

　しかし、胡同の姿もすっかり変わってしまった。胡同と四合院は共に中上流階級の古風な住居を代表する存在だったが、今では雑然とした庶民の住まいになっている。
　北京の姿が急激に変化し始めたのは1950年代前半だ。社会主義建設という名のもとに、北京の都心を囲む城壁や城楼が破壊され、貴重な昔の面影が消えていく様子を、一部メディアは〈災難〉だと批判した。ある文化史学者は、〈北京抹殺〉とまで言った。胡同と四合院は北京を形づくる細胞のようなものだから、これらを破壊することは悠久の古都・北京そのものを消してしまうことだと警告したのだ。
　こうした批判もむなしく、北京の建設計画によって胡同は新たに整備され、大通りに面する場所には高層ビルが立ち並んで胡同の前

マンホールに彫られた北京の胡同の一部

に立ちふさがり、コンクリートやセメントブロックの新しい建物が四合院の跡地を埋めている。急激に減少する胡同を保存するため、北京当局が歴史的価値の高い胡同を保護地域にしたのは、せめてもの幸いだ。急速に変わりゆく胡同の実情は、現地調査によって胡同と四合院の具体的な現況を整理したチョン・ボンヒ『中国北京街家風景』に詳しい。

02　四合院の構造と空間の特性

　四合院は長い歴史を持つ、漢民族の典型的な空間構造だ。この空間原理はさまざまな地域の少数民族の家にも適用されており、今日では規模の大小に関わらず、四合院と呼んでいる。先に説明したように４つの建物に囲まれたロの字形の平面構造で、外部には閉鎖的で内部が開放的な、内向的家屋である。そして庁と呼ばれる家屋と外部空間である庭園で構成されている。またそれぞれの建物の間には回廊（遊廊、走廊）を設置し、建物前面の軒下にある前廊とつながるよう、動線をつないでいる。

影壁と垂花門、領域と身分の標識
　文明の発達した社会の住宅は、どの国でもたいてい大門がある。大門と塀は領域の所有と使用を表す標識であり、その強弱は文化的な違いに起因する。
　中国の住宅における大門は、格式と装飾によって主人の身分を象徴するもので、一般的に屋宇式大門と壁式大門に分けられる。家のような形をした屋宇式大門は高官や裕福な商人の邸宅に使われ、壁の一部に開口部がある簡素な壁式大門は、庶民の家に使われた。
　大門を通る時に見える内壁が影壁だ。影壁は外の世界と内の生活空間を分離する装置であり、家の第一印象を決める重要な壁だ。影壁は照壁とも言う。出くわすという意味の中国語が〈照面〉で、家を出入りする人たちは影壁に出くわすからだ。

影壁はさまざまな文様や、縁起の良い文字、自然の石などで飾られ、独特な雰囲気をかもし出す。影壁は道からの視線を遮断し、壁の浮き彫りが、壁の前に植えられた木の陰や光と調和している、躍動感に満ちた四次元の空間装飾だ。

この影壁を見ながら左側へ曲がると、長く狭い庭園が姿を現し、右側の塀の中央には中庭へと続く垂花門がある。

垂花門は家の中と外との境界を示すもので、住宅の中心軸に位置する、実質的な入り口だ。花の彫刻を1、2本の垂花柱に垂らしてあることから、垂花門と命名された。垂花門は二重になっており、外側にある棋盤門は防犯のため夜には閉めきる。内側の屏門は視線と騒音を遮断するもので、結婚式や葬式の時以外は閉めておく。

部外者は許可なく垂花門から入ることはできず、未婚女性は垂花門から外に出ることはもちろん、門の外を覗くことさえ許されなかった。大門と同様、主人の社会経済的地位を誇示するための手段だったから、上流階級の家では垂花門を文様や彩色で飾りたてたが、小さな四合院では簡素に飾るか、あるいは最初から垂花門を設けないことも少なくなかった。

空虚と実体──中庭と回廊

中庭に入ると、四合院の軸上にある正房が、真っ直ぐ正面を向いている。中庭は正方形か南北が少し長い長方形で、十字の通路でつながっているが、この道は家長だけが通れたという。中庭は、数本の木だけがある、空虚な空間である。李允鉌は、中庭は四方を囲まれた屋根のない室外空間であり、建物と同じくらい重要なものだとしている。

回廊は、内部と外部をつなぐ重要な空間だ。各建物の中庭側に設置され、雨が降っても移動できるようにしたものだ。回廊は家長以

外の家族も利用した。派手な色で塗られ、手すりがつけられており、腰かけながら談笑したり、中庭の植物を観賞したりするための実体空間だった。

　住宅全体の空間は、最も目上の人が住む空間を中心に、序列に従って並んでいる。正房が最も大きく、高い。その他の建物も、位階ごとに大きさと高さが違う。

　封建社会は大家族制度で、祖父母が正房を使い、廂房はたいてい息子夫婦が使用した。東廂房は西廂房より位階が高いため、長男が使った。また男性のための空間は前や中央に、女性のための空間は裏や隅に配置された。

　正房の裏手、北側の一番奥にある后照房は未婚の娘や妾、下女たちの住まいで、台所や家事用の作業室が併設されている。后照房の片側には胡同につながる小さな門があり、婦女子の出入りやサービスのためなどに利用された。正房の向かい、大門の横に長く連なる倒座房は、客や下男の部屋、作業室（倉庫）などに使われた。

　四進以上の大規模な四合院にだけ見られる庁房は、接客や書斎、冠婚葬祭のための空間として使われた。ここからは部外者立ち入り禁止の私的空間だ。これは中国伝統住居の〈前堂後室〉という原則によるもので、前面には接客と儀礼のための公的空間、後面には日常生活のための私的空間を配置するという空間概念だ。

　各部屋の室内空間は軸と対称の原理に従って、通常３つの空間に分けられる。中央の堂は公的空間である居間、左右の臥室は私的空間である寝室として使われた。

　四合院で最も重要な建物である正房の中央にある祖堂は、家族が使う居間であり、住宅の実質的かつ象徴的な中心空間として先祖の位牌を祭り、冠婚葬祭や接客などにも使用したため、最も格調高い装飾を施す。祖堂を重視する規範の根底には、それが〈気を噴出す

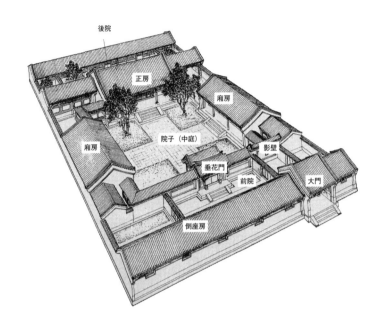

後院

正房

廂房

院子（中庭）

影壁

廂房

垂花門

前院

大門

倒座房

三進四合院の構成と名称

る穴〉だという風水の考え方がある。

　祖堂の横には最年長者の個人空間である臥室がある。臥室には寝台とさまざまな家具が置かれるが、北京を始め華北地方では韓国のオンドルに似た炕（カン）を設置する。臥室の両脇には耳房という小さな部屋があり、台所、トイレなどにされた。

　食事は世帯別にするという原則にしたがって、家長の食事だけを后照房の台所で作った。他の家族は片方の臥室や耳房を台所として使い、庭の片隅を使うこともあった。浴室は特になく、壺やたらいで水を運び、部屋で体を洗った。トイレは最も不吉な方角とされる南西の隅、つまり倒座房の左端に小さな建物を造り、必要に応じて后照房にも置いた。それぞれの臥室にも〈虎子〉（虎の形をした男性用小便器）や椅子の形をした移動式便器〈馬桶〉が備えられていた。

中心性が反映された空間構造

　四合院のもう一つの特徴は、それぞれの建物の出入り口が中央に一つだけある点だ。正房では中央の祖堂の前に広い空間を取り、客を接待したり家族が集まったりする居間として活用したから、両横の部屋は祖堂の出入り口を使うしかない。すなわち、中庭を正面にした正房が祖堂のように中心になれば、両横の廂房は中庭の側室空間になる。中庭に向かう正面の門も正房の門だけだ。廂房も門が一つだけで、中庭に向かった東西南北の軸を連結することだけが許される構造だ。

　住居構造の中心性は、中国封建社会儒家の教義が反映されたものだ。唐代では住居の形態、配置、装飾などに序列がつけられ、明・清代でも住宅の規模に厳格な等級制度が適用されていた。一般の家屋は３間を超えてはならなかったから、北京の四合院の多くは正房が３間で、その両脇に耳房を配置するようになった。

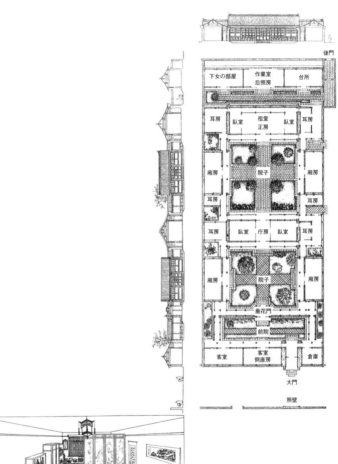

下女の部屋　作業室
后照房　台所

後門

耳房　臥室　祖堂
正房　臥室　耳房

厢房　院子　厢房

耳房　耳房

耳房　臥室　庁房　臥室　耳房

厢房　院子　厢房

垂花門

前院

客室　客室
倒座房　倉庫

大門

照壁

四進四合院の空間構造
四合院の室内

昔から中国人は五世同堂、つまり五世代が同じ家に住むのが福の根幹をなすと信じ、大家族制を理想としていた。このような家族中心思想は韓国も同様で、家族の健康と長寿、幸福または出世と比例する、家門の繁栄のための、重要な目標だった。したがって儒教の徳目である長幼有序、父子有親、男女有別などは家族を治める規範であり、その規範を秩序として受け入れた。

　儒教的秩序は、四合院の空間構造はもちろん、資材にも適用された。竹はあまり好まれず、石材は整えられた熟石が最も良く、レンガ、自然石、黒レンガの順に安くなった。値打ちのある資材は大門や正房などに使い、優れた職人に扱わせた。室内の仕上げ材は、王室以外はほとんど同じだった。床はたいてい石材だったが、地域や状況によって木材を使うこともあった。壁は窓を除き、しっくいや木の飾り板を使った。天井は、構造を露出しない場合は、たいてい平天井（天井面が水平になっているもの）だった。

　このように位階秩序の規範を守る四合院の空間構造は、厳格で閉鎖的な環境を造って家父長の統治権、男尊女卑の慣行、主従関係の序列などを強調し、儒教的枠組の強化に役立った。

庭園と園林──自然との合一

　格式を備えた四合院の外部空間には、前院、中院、後院などさまざまな庭園があるが、普通、大きさで区別し、庭、院、園の順に大きくなる。庭は庁の前の小さな庭園だ。院は庭より大きい開放空間で、日照条件が庭より良く、花や草を植えることができる。最も大きい園は、草花や木を植え、石を積んで築山にし、水を引いて池を造るなど、造形の比重が大きい。林語堂は『京華煙雲』の中で、中国の庭園を描写している。

中国人の住宅設計は、わりに単純だ。レンガを敷いた庭園は
のんびりと過ごせる静かな空間で、外部とは完全に遮断されて
いる。主人は広い庭園に自分好みの築山を造り、花や木を植え
たり、服を干す棒を渡しておいたりもする。二尺ほどの高さの
金魚鉢だけは欠かせない装飾品の一つだ。素朴な家でも、ナツ
メの木やザクロの一本ぐらいは植える。

　どの庭園にもそれぞれ特徴がある。大富豪の家には庭がたく
さんあり、屋根つきの回廊につながっている。回廊の一方は塀
で塞がれ、もう片方は開放されているが、その真ん中には他の
庭園に通じる月亮門や六角門がある。庭園は寝室、書斎、応接
室および厨房と同様、住宅の構成要素の一つだ。

住宅に付属した庭園とは別に、独立した、規模の大きい庭園を園
林と呼ぶ。商や周の遺跡に園林家屋のようなものが見つかるほど、
歴史は古い。
　園林は自然を主題にした建築文化の一部で、道家の思想に根差し
ている。人間は宇宙や自然と分離できない有機体の一部であるとい
う道家の空間概念は、自然の変化と自由、対照と均衡、個体性と統
一性の調和を理想とする。したがって園林の空間構成も非定型、非
対称、神秘性、曲線的構成を強調し、自然本来の形にならおうとす
る。
　園林には中国人の思想、すなわち宇宙観、自然観、人生観や、美
学的価値観が表われている。自然と一つになろうとする思惟と情操
がこめられているのだ。だから園林は造った人の宇宙、社会、人間
に対する情操を表現する手段であると同時に、情操を育て中世の
詩、書、絵画、建築などを発展させる起爆剤ともなった。

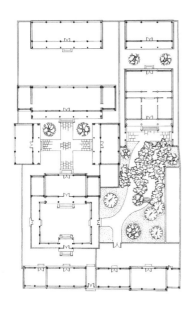

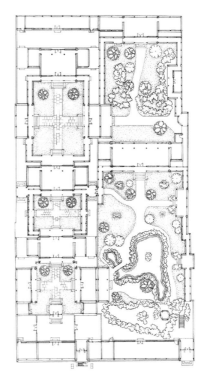

花園のある大型四合院の配置図
大規模な園林家屋の配置図

園林は、皇室の園林と私家園林に分かれる。皇室の園林はとてつもなく大きい。代表的なものが清代の避暑山荘で、大規模な園林にふさわしく、遠い山の稜線まで景観に含めていて、韓国の自然発生的庭園と似たような感じだ。

　一方、江南地域の私家園林は代表的な中国庭園だ。昔から産業が発達し、富裕な商人や文人、引退した官僚などがたくさん住んでいたために江南、特に蘇州に私家園林が発達した。

　園林の主要構成要素は、蓮池と奇石だ。大部分が人工的に造られた水耕空間は園林の半分以上を占め、6分の2は樹木と花木、6分の1は建築物で構成される。

　水耕空間と共に築山と、その中の洞窟も、至る所に造られる。宋代に庭石を愛でる風潮があり、形が良く珍しい石は芸術品として扱われた。中でも最上とされたのが、江蘇省太湖で採取された太湖石だ。太湖石は表面がでこぼこして美しいとは言いかねるが、この生き生きとした形に絵画的価値が認められたのは、宋代芸術の全盛期に、技巧が重視されたためだと思われる。

　園林の特徴は、岩、蓮池、人口の山、木や草花、楼閣、あずまや、回廊などの配置に気を配り、どこから見ても完璧な景色が見られるようにした点だ。巨大な蓮池を造った水耕空間に、あずまやを中心として石造りの飾り物や樹木を配置する。花より木や石が多いのは、福の気運をこめようとする御木神思想の影響だ。

　また、園林は折れ曲がった橋、くねくねとした長い回廊など複雑に曲がった経路に従って見て回るようになっている。道が折れ曲がる所にあずまや、楼閣、竹、開いた窓などを置く。これらの〈観望処〉は、最も秀麗な風景をひと目で眺められる場所に、周辺と調和する大きさで設置する。

　このように人口と自然が演出する閉鎖と開放、固さと柔らかさ、

明と暗の間をゆったりと歩きながら自然との合一を味わうのが、園林の魅力だと言えるだろう。

　園林のある家を〈園林家屋〉と呼ぶ。中国には大きい園林家屋がたくさんある。園林より小規模の庭園である花園のある家は、〈花園家屋〉と呼ぶ。

　園林家屋は南北朝時代の影響を受けているらしく、その当時にも流行した。士大夫や文人、画家たちが持っていた思想や情趣が、園林の借景に反映されたらしい。

　借景は園林造成の最も重要な概念で、自然に逆らわず自然と一体になり、自然そのものになるということだ。これは空間的概念と時間的概念に分かれるが、空間的概念は遠くと近く、高い所と低い所の景色を借りる遠借、隣借、仰借、俯借であり、時間的概念は季節と風景によって景色を借りる応時而借だ。これらの要素はそれぞれ独立せず、共存できる。

　したがって園林造成は自然に逆らわず、自然に似せるため対称と直線を避け、限りなく変化させることに主眼を置く。そのため四合院の軸と方位中心の厳格な秩序とは不思議な対比を成すが、四合院の整然とした秩序と、園林の自由な自然さこそが、中国建築の構成の特徴なのだ。

03 上流四合院の事例と特性

皇宮の縮小版、恭王府

　王府は親王（皇帝の息子や兄弟）や群王（親王以外の皇族）の邸宅だ。恭王府は北京に残存する王府の中で最も保存状態が良い。

　この故宅は清の乾隆帝の時代に、大学士であり権力者であった和珅（1750〜1799）が1776年に建てたもので、悲しい歴史を持っている。

　満州族出身の和珅は、整った容姿と聡明さとを兼ね備えていた。科挙に合格した後、皇帝の侍衛武官となり、25歳という若さで乾隆帝の目に止まった。乾隆帝の寵愛を受け、日ごとに勢いを増していった和珅は、国家予算を着服して莫大な富を築き、息子を皇帝の娘と結婚させて皇族の仲間入りをさせるなどして権勢を振るった。そのため、今日でもなお、稀代の貪吏として非難されている。

　和珅は乾隆帝の死後、皇帝僭称や、ぜいたくをした罪で、嘉慶帝により自決を命じられ、監獄で首を吊った。彼の家はその後、嘉慶帝の弟である永璘王が住んだが、咸豊帝の初年に恭親王が譲り受けて〈恭王府〉と称されるようになった。第二次世界大戦終結後には国家の所有となり、1984年から内部の花園のみ公開されている。

　恭王府は皇宮の縮小版という名声にふさわしく南北約330m、東西約180m、全体面積6万1120㎡の、広大で豪華な邸宅だ。また建物は3万2260㎡、花園は2万8860㎡あり、壮大で華やかだ。

　平面図を見ると、前方には南北を軸とした建物が、後方には花園

が配置されている。前方の建物は庭が12もあるほど大きく、特に後院との境をなす一番奥の2層の四合院は、東西の長さが156mにも及ぶ。裏側の壁に88カ所の窓があり、部屋は108室で、〈99間半〉の俗称で呼ばれる。これは、道教の〈届満即盈（満期になれば溢れる）〉に由来する名称だそうだ。

　長い歳月の間に、一般住居以外にも、京劇の劇場、宴会や儀式の空間、貴賓を迎える客間など、さまざまな機能の空間が追加されたらしく、上流四合院に可能なすべての装飾が施されている。

　建物の前面と回廊はすべて華やかな彩画で飾られ、前面の装飾文様には金箔も施されている。邸宅の構成は前方と後方とに分かれるが、前方を現在の入口から見ると、ほぼ十二進四合院の形態を成している。後方は園林で、大きな蓮池の横に大きな楼閣があり、鯉や鴨の戯れる池を眺められる。

　整然と配置された建物、精巧な工芸、楼閣とあずまや、奇岩怪石と太湖石など、恭王府の華麗で洗練された景観は、四方につながった回廊を通りながら鑑賞できる。

最も保存状態の良い園林、拙政園

　観光都市、蘇州に位置する拙政園は、500年以上の歴史と、5万㎡の大型庭園を持つ広大な園林邸宅だ。北京の頤和園、承徳の避暑山荘、蘇州の留園と共に、中国四大名園に数えられる。

　拙政園は、明の正徳帝の時代である1509年に御史を務めていた王献臣が都落ちし、大宏寺の跡地に増築して建造した。里中の徐氏に売られた後、清代の初期に宰相であった陳之遴の所有となった。その後も所有者は何度も変わり、康熙帝の時代には、駐在の官僚の住居ともなった。そのため拙政園からは、古代江南地域における官僚住宅の建築様式をうかがい知ることができる。

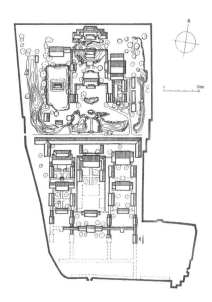

恭王府邸宅の前面／恭王府配置図（前方は邸宅、後方は園林）

垂花門と回廊
5間の庁の前面
建物につながった回廊
最も奥の2層四合院
後院の池と楼閣

拙政園は住宅より園林に重点を置いて造成されており、園林は最も保存状態の良い庭園と言われている。大きく東部・中部・西部の三つに分かれており、池が総面積の3分の2を占める。西園は清代末期に改修されたため、庭園の様式が多少異なるが、全体として大きな違いはない。人為的な趣をできる限り抑えて自然本来の姿を生かしており、特に〈心〉の字をかたどった池に蓮の花が咲き誇る夏の絶景は、拙政園の白眉だ。1997年には蘇州古典園林の一部として、世界遺産に登録された。

最高水準の空間設計、豫園

　上海に位置する豫園もまた、園林のある邸宅だ。明代の官僚・藩允端が両親のために1559年に着工し、完成まで18年かかった巨大な邸宅で、40棟あまりの家屋とあずまや、楼閣がある。これらの建物は長い歳月をかけて建てられたようだ。一例として、三穂堂は1706年に、仰山堂は1866年に築造された。基礎となる骨格は初期のものかもしれないが、現在の姿は長い時間をかけて完成したと思われる。

　豫園では区域ごとに大小の池があり、多彩な景観も緻密に設計されたものだ。恭王府や頤和園とは違って、庭園のデザインに繊細な情緒が感じられる。さまざまな形の回廊を活用した劇的な空間演出、住宅の配置、あずまやや楼閣の位置設定などから、園林邸宅の中で最もレベルの高い設計がされたことがわかる。

　さらに他の邸宅にはない京劇の劇場の大きな舞台や観覧席は、かつての所有者の生活水準の高さをうかがわせる。

近代中国最高の知識人、郭沫若

　北京にある郭沫若故居は、1988年にようやく一般に開放された

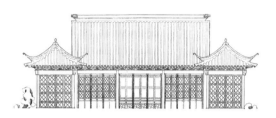

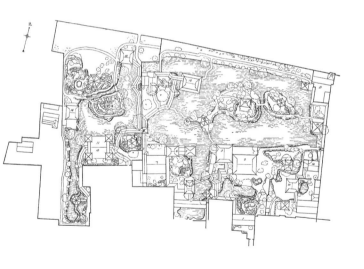

拙政園の建物の立面図と配置図

拙政園の園林の景観

豫園の楼閣
小規模な内院の池とあずまや
京劇の大型劇場

郭沫若故居の大門と垂花門

垂花門の内側にある屏門
回廊とつながった廂房

秀麗な四合院の故宅だ。郭沫若（1892～1978）は近代中国における最高の知識人で、文学者であると同時に歴史学者、古文書学者、社会活動家としても活躍した。〈甲骨四堂〉の一人にも数えられる。

　この故宅は当初、乾隆帝の臣下であった和珅の邸宅の庭園の一部だった。恭王府に編入された後、中華民国代の初期には、中国医学の大家である〈達仁堂〉の邸宅として建てられ、一時はモンゴル大使館や宋慶齢（1893～1981）の住居にもなった。郭沫若は1963年にここに転居して老年を過ごし、1978年にこの世を去った。故宅は1994年に郭沫若記念館になり、遺品や資料が展示されている。

　郭沫若故居は、入口近くに広い花園が、右奥に四合院があって、庭園の配置が他の四合院とは異なる。

　大門の入口の上には、鄧穎超（1903～1992）の筆による〈郭沫若故居〉という金色の文字が刻まれた木の扁額がかかっており、花園には郭沫若の全身像がある。垂花門を含めた内外の構成は、独特な設計の伝統方式だ。

中国最高の小説家、茅盾

　中国最高の小説家と呼ばれる茅盾（1896～1981）は、浙江省の出身で、本名は沈徳鴻という。茅盾は長篇小説『幻滅』を発表した当時のペンネームだ。一時は政治にも携わり、中華人民共和国政府の文化部長（文科省大臣に相当）として文芸界の指導に当たった。

　茅盾が晩年（1974～1981）を過ごした茅盾故居は北京の典型的な二進四合院で、彼の生前の形跡がそのまま保存されている。

　邸宅は後院のある四合院で、垂花門を抜けるとすぐ中庭を中心に4棟の家が並ぶ。奥の正房前には茅盾の胸像が立っている。木材とレンガで造られた故宅の外側は青緑色と赤色に塗られているが、中心の窓とその枠はすべて赤で、特に正房の門の周囲は赤一色だ。屋

茅盾故居の大門と影壁
正房前の中庭にある茅盾の胸像

根と外壁のレンガは濃い灰色で、庭園の床には灰色のセメントブロックが敷かれている。序列を象徴する基壇の高さは階段の数と直結するが、臥室と正房は3段で、その他の建物はすべて2段だ。

中国近代史の先駆者、蔡元培

蔡元培（1868～1940）は浙江省出身で、中国近代史上、最も名高い教育者であり、思想家だ。清廉で剛直だったため、毛沢東に「学界の第一人者であり世の人々の模範」と称えられた。中国の教育、文化、歴史、科学、政治、女性解放運動に至るまで、彼の影響を受けなかった領域はないほどで、彼の〈包容と思想の自由〉という教育理念は、中国の学者たちに大きな影響を与えた。

北京にある故宅は、蔡元培がフランス留学から帰り、1917年に北京大学の学長になった時から1923年まで暮らした家だ。当時、大学図書館司書として勤務していた毛沢東を、彼が留学させてやったという逸話はよく知られている。

この四合院故宅は、約800年の歴史を誇る東堂子胡同にある。しかし現在、この地域は都心に変貌しており、幹線道路の周囲に高層ビルが立ち並ぶ繁華街だ。近隣の故宅は2000年にほとんど撤去され、蔡元培の家も移転される計画だったが、有志らの努力により、そのまま保存された。

東西に分かれた邸宅は、広い内院と、前院、後院のある三進四合院で、保存状態は比較的良好だ。邸宅の案内板には、多くの後援者とある財力家の力添えでかなりの部分が再建された旨が、簡潔に記されている。

邸宅の配置方式や構造、外観の形態は上流四合院として遜色ない。特に側面に配置された回廊の美しさは目を引く。現在、内院を囲む建物はいずれも展示室として使用されており、後院の建物の内

蔡元培故宅の大門と内側の景観

部には、蔡元培が使っていた家具や道具などがそのまま保存、展示されている。

中国の〈国母〉、宋慶齢

宋慶齢は周知のとおり、中国の国父として慕われている孫文（1866～1925）の夫人で、中華人民共和国の名誉主席を務めた指導者の一人でもあり、中国近代の女性解放運動の先駆者、社会運動家でもある。

彼女は北京の故宅で、1963年から亡くなる1981年まで暮らした。この家は、もともと清の康熙帝の時代に大学士であった明珠の邸宅だったが、後に清のラストエンペラー溥儀（1934～1945）の父・醇親王の住まいとなった、中国の典型的な邸宅だ。

敷地は2万㎡に達し、北京の著名人の邸宅の中で最も大きい。現在は、宋慶齢の記念館として保存されている。記念館の案内文によると、「東側の建物は醇王府（醇親王府）で、後に摂政王府と呼ばれた。乾隆帝の時代に和珅の別邸として建てられたが、嘉慶帝の時代に没収されて成王府と呼ばれ、光緒14年に醇王府に変わった。1961年に周恩来総理が、元々醇王府の一部であった花園家屋を2階建てに改造し、そこに宋慶齢が1963年から住み始めた。1981年に彼女が死去すると、その年の10月に『中華人民共和国名誉主席宋慶齢の故居』と公式に命名され、翌年から公開された」そうだ。

敷地内に建つ建物の大部分は大きく、長い歴史を持つが、宋慶齢が生活した2階建ての花園家屋は近代建築で、中に保存・展示されている家具や日用品も近代的なものだ。

醇王府は、居住用の建物より池や回廊、丘、あずまやなどが、より広い面積を占めていた。四合院の家屋や後院の建物の一部、そして庭園は中国の伝統様式だ。花園の一角にある2層の楼閣は明代に

宋慶齢故宅の大門
宋慶齢の名前が書かれた扁額
四合院家屋
怪石のある内院
花園の前景

造られたものもあって、多くは老朽化し、塗装も退色している。一時は、恭王府を建てた和坤の別邸だったから、元は非常に美しく華やかな園林邸宅であったはずだ。しかし、後代の建物ばかりでなく、園林の管理すら行き届いていない今日の状況は、この邸宅の受難の歴史を端的に示している。それでも四合院の家屋は比較的保存状態が良く、優美で端正な外観は北京の典型的な四合院の配置規範を体現している。内部は公開されていない。

　四合院の丹青は例に漏れず赤と青緑色で、屋根は棟木がなく、なだらかな曲線だ。内院には怪石が装飾として置かれており、外側の窓はすべてガラス窓に取り替えられている。近代化の過程で部分的に改修されたらしい。宋慶齢は、この四合院も使用していたと思われる。

中国近代美術の巨頭、斉白石

　斉白石（1864 ～ 1957）は中国近代美術の巨頭で、その作品は最近、中国美術品オークションで史上最高額を記録した。彼の四合院故宅は元々、清の太宗（ホンタイジ）の四男である葉布舒の邸宅であっものを、1955 年に周恩来総理が斉白石に与えた。斉白石が亡くなった 1957 年に斉白石記念ホールになったが、1986 年には北京美術アカデミーに、2012 年には斉白石故居記念館に変わった。

　元が王府だっただけに、それにふさわしい大規模な家屋と後院などが造られたが、現在の状態からすると、初期の家屋の多くは分離あるいは変形しているようだ。斉白石が譲り受けたこの家屋も、おそらく後代まで王府の一部として残っていた四合院の家屋のうちの一つだったと推測される。記念館として公開される前に、ある篤志家の援助により大幅な補修および改造が行われた。

　木材とレンガで築かれた故宅の面積は200㎡で、一般の四合院よ

り大きく、家全体に回廊が巡らされ、華やかな彩画のある上流家屋だ。展示館に変わった廂房の一部には、王府特有の華やかな装飾が随所に残っている。

江南・西塘古鎮の朱氏家

　江南地方の浙江省にある西塘は中国６大水郷の一つで、２千年の歴史を秘めた静かな都市だ。朱氏家の邸宅は明代の上流四合院で、川沿いの奥まった界隈にたたずんでいる。

　江南の四合院の典型である２層構造で、建物前面の窓戸も一般的な規格よりはるかに大きい。庭園はそう広くはないが楼亭などを備えており、回廊に沿って裏の棟につながるようになっている。

　全体の規模は北京の上流四合院に劣らないものの、前面の柱の一部を除けば、丹青はほとんど施されていない。ただし〈罩〉と呼ばれる間仕切りの装飾に施された雲形の文様や、全体が円形になった衣装たんすなどが目を引く。隔断（室内の間仕切り）も全体の形態が荘重でありながら、格子の繊細さが際立っている。

斉白石故居の正房の前廊上部の彫刻装飾
内院にある斉白石の銅像

朱氏家四合院の前面
庭園の楼閣
回廊の上部
四合院の室内

04　四合院の伝統インテリア

　四合院の独自性は見ればすぐにわかる。伝統インテリアにおいては、装飾が最も際立っている。

　四合院は柱と建物の赤い色が強烈で、華やかな印象を受ける。中国人が最も好む赤は、情熱、縁起の良さ、めでたさ、荘厳、富貴などを象徴する。赤への特別な思い入れは、原始時代の、暗闇と寒さを追い払ってくれる火に対する崇拝と、生の証しとしての血が象徴する生命力への愛着に始まっている。そのため新年を祝う時も赤い紙を使い、婚礼の際には新郎新婦が赤い服を着る。赤以外に、陰陽五行に基づく五方色も随所で使われる。

　四合院の赤い大門を入ると、赤い垂花門が行く手をはばんで訪問客を緊張させる。内側の垂花門である屏門は緑色だ。垂花門を過ぎ、内院（中庭）に入ると、庭に向いた家屋の前面にずらりと並んだ赤い円柱に圧倒される。円柱の後ろの各家屋の外壁の窓や出入口も柱と同様に赤いが、みなぎる赤の気を、窓格子が和らげている。格子の化粧材がすべて、屏門と同じ緑色だからだ。陰陽五行の思想が色にも適用されているのだ。

　内院に下りず、垂花門の右側につながった回廊に入ると、また驚かされる。回廊の色彩のせいだ。回廊の柱は緑で、欄干の透かし模様は赤く、柱上部を見上げれば、材木の結合部分を埋め尽くす彩画装飾が豪華絢爛だ。

　正房前の前廊は開放的な緩衝空間であると同時に、半公的空間

だ。正房の壁の強烈な原色は、石造りの床やレンガ壁の下側の灰色と対照的で、いっそう際立つ。遠くから見れば、灰色の屋根瓦とも対称をなしている。

このような四合院の外観について、李允鉌は「建築物の立面構成の目的は、立面自体の表現ではなく、中庭の背景を構成することにある。中国建築の立面性は二重性を帯びている場合が多い。建物の外観は中庭の背景となり、建物の外であると同時に中庭の内となる。それは室内設計の装飾性と近距離の視角を重視しており、内と外を区別しながらも、絶妙に内と外を統一する」と述べた。

四合院のインテリアも、序列によって建物ごとに違う。最も位の高い正房には、最も品位のある装飾が施され、家の中心としての権威が示される。壁の中央に巨大なかけ軸をかけてその周囲に対聯を張り、壁に向かって置かれた長机は花瓶、香炉、燭台などで格調高く飾りつける。こうした装飾も、対称に置かれている。

各建物の堂は家族が集まったり客を接待したりする居間だが、臥室は私的空間で、寝台を中心テーブルや椅子、衣装だんすなどが配置されている。木製の寝台は天蓋があり、側面はさまざまな格子文様で細やかに装飾され、ある種、独立した小空間の様相を呈している。

このように四合院は、建物の配置から室内空間の構成、家具配置、壁の装飾に至るまで対称的な秩序概念に従っている。

1　空間構造と装飾

四合院の室内の床には石材が敷かれ、靴を履いたまま生活するようになっている。上流の家屋や王宮の床には敷物などが敷かれるが、江南地域の水郷家屋の２階の床は木材だ。

建物の左右の両端には窓を造らず、前面や背面の出入口上部には

窓をつけた。窓や戸は、元は紙を貼っていたが、後にガラス窓になった。格子や戸の彩色は、外側はすべて赤で、内側は白や明るいクリーム色だ。天井は屋根の形や、露出する度合いによって異なる。

　中国の伝統建築は豊かで鮮明で大胆な色彩が主だ。そうした特性の背景について李允鉌は、「古くから情熱的で享楽的であり、豊かな色彩を好んだ中国民族特有の気質に起因する」と指摘している。石器時代には既に、紅色などの情熱的な色を装飾に活用しており、その後も長い歳月を経て、建築資材、構造方式およびさまざまな儀式、全体の造形などと結びつきながらそうした気質が形成されたようだ。

　四合院の主な装飾文様や彩色は、王府の邸宅と一般の上流階級の家屋とで大きく異なる。

赤い円柱と五方色の彩画

　彩画とは木造建築のさまざまな部材に色を塗り、絵を描いた装飾だ。中国建築に活用された彩画はある時期に図や絵から次第に変化して装飾的な図案に統合され、後には形式や技法も定型化された。宋代に至る頃には、彩画の様式がかなり成熟した。『営造法式』には全9種類の異なる色彩の使用法も記載されている。

　彩画図案のパターンは膨大で、『営造法式』には動植物・人物・幾何学模様など6種類26品が列挙されているけれど、実際にはもっと多かっただろう。図案の主目的は装飾だが、背景には陰陽五行思想がある。一例として、水を象徴するスイレンや蓮などの水生植物は、木造住宅を火災から守るための文様にされた。

　柱を始めとした木材の彩色を中国では油漆といい、明・清の時代には柱の上の梁や桁を支える部材を総称して隔架科と呼んだ。隔架

科は、たいへん興味深い装飾が施され、中国の典型的な部材が一度に見られる芸術品として認められている。柱の上の直線的な桁にも曲線的な装飾を加えることで、堅い感じのする桁に活気を与えている。

恭王府を始め、中国の邸宅の前面の柱はいずれも赤い円柱で、出入口の周囲もすべて赤色で満たされている。皇族の王府は柱の上部いっぱいに華やかな彩画を施してあるが、一般の住宅は簡素に仕上げた。装飾用の文様は、恭王府では龍紋や幾何紋、卍などの吉祥紋が主に使用され、郭沫若の邸宅では桃や菊などの植物紋や幾何紋がよく使われている。

赤や緑の格子と、文様の〈パターンの反復〉

正房の正面の印象には屋根の形が最も大きな影響を与えるが、壁面の印象は窓や戸の大きさや形、面積などによって左右される。

四合院の外観を規定する窓や戸の配列は、中央の出入口を軸にした対称的な秩序の美を表現しており、それは家の大きさに関わらず、すべての住宅に共通している。

窓の格子の文様はたいてい幾何学的な基本形態を持ち、それぞれの格子の間を、縮約された小さな文様がつないでいる場合が多い。全般的に恭王府の装飾が最も繊細で華やかだが、文様の類型は幾何紋、吉祥紋、忍冬紋、植物紋などが主流だ。次いで美しいのは、蔡元培や斉白石の邸宅だ。だが、茅盾や斉白石の邸宅の窓や戸は既に近代的なものに交換されており、伝統的な格子は見られない。

恭王府から茅盾の邸宅に至るまで、窓の格子はすべて緑と赤の組み合わせだ。茅盾邸の窓の格子は、長年にわたって上塗りされた部分があるが、基本的には、柱のような構造的な要素がほぼ赤なのに対し、窓の格子は緑色だ。蔡元培邸の窓の格子は緑ではなく黒だ

恭王府の赤い柱と緑色の瑠璃瓦は対照的な彩色が際立ち、
窓や戸は金箔と窓格子の赤が調和している

が、回廊は他の邸宅同様、緑と赤の組み合わせなので、なぜ格子だけ黒にしたのかはわからない。

窓や戸の装飾に共通しているのは、何よりも文様の〈パターンの反復〉だ。下から壁や天井に至るまでパターンの反復で満たされている。こうした特徴に対し、中国に居住して生活文化を研究して1932年に本を出版したC.A.S.ウィリアムズは、「中国人は、芸術品に装飾のない余白があるのを嫌う。伝統工芸家は、単調な表面を線や色彩などで完全に埋めた後、ようやく作品が完成したとみなす。複雑で多様な文様が、商店の陳列台、寺院、橋梁、記念アーチ、磁器、青銅製品、カーペット、刺繍、文房具などにも濫用されている」と書いた。

四合院を一つにまとめる多目的の回廊

四合院の建物を連結する〈廊〉は空間を区切り、景観を味わい深いものにしている。漢代の壁画にも描かれているから、歴史は長いらしい。設置位置により、走廊、回廊、水廊などに分類される。

走廊は建物同士をつなぐ通路だ。幅は5〜10尺程度で、瓦屋根で覆われている。回廊は曲がりながら囲む走廊で、建物の四方を取り囲む走廊も回廊と呼ばれる。

四合院の重要な特徴の一つは回廊による建物間の連結だ。特に、正房の前にある前廊とつながるように造られている。回廊は室内空間と、外部空間である庭園の媒介でもあり、空間に深みを加え、空間の印象を豊かにする。建物が分離している四合院を一つの有機体にしているのだ。また、天候に関係なく住宅内を移動できるようにしたり、日差しや雨風を避けてさまざまな活動をしたりする場所でもある。

回廊の柱と柱の間の下部には欄干を設置し、上部には彫刻した板

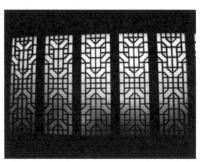

上海の豫園の出入口
氷竹紋、または氷裂紋と呼ばれる格子窓（右中央）
西塘にある朱氏家の幾何学的な格子窓（右下）

を取りつけて彩色した。このように柱と大梁とを彩画で装飾した華やかな家を〈雕欄画棟〉とよぶ。

　赤い柱が強烈な直線的立面を成す四合院の母屋とは異なり、回廊は緑色の柱と欄干の装飾の美しさにより、家の格調を高めている。回廊を飾る文様は、郭沫若、蔡元培、斉白石の邸宅がいずれも似通った幾何紋であるのに対し、恭王府では曲線の透かし彫りで、ひときわ精巧に見える。

　回廊においてまた注目すべきなのは壁面（塀）の飾り窓で、これは四合院にのみ見られる。空間の視覚的な連結と観察を可能にするだけでなく、長い回廊の壁面の冗長さを解消する要素でもある。飾り窓の模様はそれぞれ異なっており、味わいがある。飾り窓も、恭王府の方が斉白石や蔡元培の邸宅より繊細な曲線を使っているので、いっそう美しい。

2　家具の類型と特性

　中国は、漢代以前まで座式生活だったが、漢代の初期に仏教が伝来し、寝台やカウチが伝わって立式生活になった。唐代になると外国の文物が一斉に流入し、家具の製造にも影響を及ぼした。以後、寝台やテーブル、椅子などがたくさん作られるようになり、宋代には立式生活に適した家具が急速に開発されて普及した。

　明代になると、厳選した材料で特色のある家具を作るようになった。こうした明式家具は清代にもそのまま受け継がれ、さらなる発展を遂げた。

　最も大きな変化は、やはり家具の風格に表れる。明代には材料を合理的に使い、素朴で大様な、丈夫で長持ちする家具が追求された。だが清代には、材料をふんだんに使い、細かく複雑な装飾を施した重厚な清式家具が定番となった。

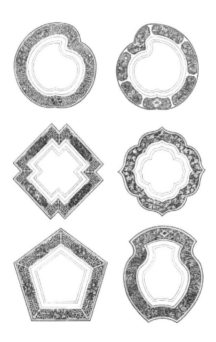

蔡元培故宅の回廊
恭王府の回廊の華やかな彩画装飾と飾り窓
回廊の飾り窓の多様な形態と文様

清代初期は、まだ明式家具と変わりなかったが、雍正帝および乾隆帝の時代（1723 ～ 1795）になると清式家具の形式が作られ始めた。清代全体を通じても家具が発展したのは、主にこの時期だ。

　明・清代の家具の材料の選び方は独特で、貴重な良質の木材が尊ばれた。高級木材としては、シタン（紫檀）、カリン（花梨）、ベニノキ（紅木）、ツゲ（黄揚）などが挙げられる。

　明代の家具は規則が非常に厳格で、王朝が変わっても比較的高いレベルが維持されていたのに対し、清代の家具は生産地が大幅に広がり、地域ごとの特性が守られた。清代では全般的に、華美な装飾の家具が主流となった。

　明・清代の家具の多くは、ほぞ（一方の材料の穴に差し込めるよう、もう片方の材料の端を細長くした部分）をきっちり差し込んで組む構造で、明代にはこの方法がよく使われた。

　また、木の家具には漆を塗った。この技術はずっと昔からあり、漆の木は中国中南部で栽培される。今日における中国漆器の主要生産地は、北京と湖州だ。最高級の漆器を作るのには 10 年以上かかり、一度漆を塗ってそれが乾いた後に再び塗るという作業を 200 回以上繰り返す。

　漆を塗った表面は、昔から伝わる象徴的な絵で装飾されたり、金銀、青銅、象牙、真珠、貝殻などで象嵌したりする。この漆工芸の技法は乾隆帝の時期に最盛期を迎え、高位の官吏の帽子には赤い漆を、下位の官吏の帽子には黒い漆を塗り、一般庶民の帽子は漆塗りを禁止した。

中国の家具の主流は床榻、卓案、椅子、櫥櫃

　長い歴史を誇る中国の家具は、種類も多い。大別すると、床榻（寝台）類、卓案（テーブルや長机）、椅子類、櫥櫃（収納または収納を兼

ねた卓）類の4種類に分けられる。これについて単国強は、次のように整理した。

・床榻類：床榻は寝台類に属する、中国6大古典家具の一つで、古典家具のコレクターが最も好む家具だ。大きいものを〈床〉といい、細長いものを〈榻〉という。

・卓案類：卓案は基本的にテーブル全般を指すが、あえて区別するならば、〈案〉はテーブルの脚が天板より内側に入っている旧式の構造で、〈卓〉は脚が天板に面して付着している構造だ。卓案類の家具は床に置いて使うものと、炕の上で使用されるものに分類することもある。炕の上で使うテーブルは炕卓とも呼ばれる。

　テーブルの種類は四辺の長さと形状により、方卓、長方卓、長条卓の3つに分けられ、それぞれがさらに複数の類型と名称に区分される場合もある。明代のテーブルは秀麗で品位があり、清代のものはややずっしりとして単調だ。

・椅子類：中国古典椅子は木材の切れ端や歪みを活用したデザインで、釘を全く使わないことからして、細密な図面に従って作られたと推測される。そのため一部分が壊れても、同じ形の部品をはめ込んで長く使うことができる。

　椅子の種類は形によって宝椅、交椅、圏椅、官帽椅、靠背椅、玫瑰椅の6つに大別される。椅子の構造は大まかにいうと座面、肘かけ、背もたれ、脚で構成されている。背もたれ付きの椅子が登場する以前は、背もたれの無い椅子である橙子を使用していたが、これは今日でいうスツールのようなものだ。

・櫥櫃類：衣服や書類を入れるたんす、またはひつである櫃子は、居間に必ず置かれた。高さがあるので、大きな物や、たくさんの物が入る。対になっている２つの扉（櫃門）の中間には取っ手がついており、櫃門と立柱の上には銅の飾りをつけ、錠をかけられるようになっている。櫃の中は堂板（横に渡して張った板）で作られた仕切りで複数の層に区切られている。

　櫥櫃は、収納（櫃）とテーブル（櫥）を兼ねた家具で、組み合わせ型の家具の初期の形態だといえる。一般的にあまり大きくはなく、高さは大きめのテーブル程度だ。下の部分には引き出しがあり、引き出しの下には櫃門が１対付いている。

　多くの古典家具は木製で、螺鈿細工や彫刻により精巧な文様が施されている。一般的に木製家具の彫刻は３種類の技法が使われた。

　一つ目は、木材の表面を削ったり掘ったりして浮き彫りにする、半立体的な〈浮雕〉で、主に板材の表面に多く用いられる。

　二つ目は、木材の表面の前後左右を三次元的に丸く掘り込み、立体的な彫刻をする〈円雕〉で、主に家具の脚や角など、立体装飾をする空間が確保できる部分に使用された。

　三つ目は、木材の裏面まで完全にくり抜く〈透雕〉で、板材の重苦しさを解消しつつ、文様の形を容易に表現できる。明代よりも清代の家具によく見られる、きわめて複雑かつ細密な装飾だ。

　皇室の高級家具は繊細な文様を彫り、その上に朱色の漆を塗った。特に剔紅の技法を使ったといわれているが、これは漆を何度も塗り重ねた後に文様を彫り込む漆工芸の技法で、唐・宋代から用いられ始め、元・明代に広く普及した。明・清代の硬木、すなわち堅固な木で作られた高級家具は、緻密で堅固な材質を使い、色調が上

黄花梨木の羅圏椅（明代）
黄花梨の玫瑰椅（明代）
紫檀の椅子（清代）

品で重厚だった。

　一例として、宝座（皇帝の椅子）は、沢山の彫刻で装飾され荘厳な形態だったのに対し、玫瑰椅は背もたれと肘かけが低く色と光沢が美しいのが特徴で、風変りであでやかだ。また、背もたれと肘かけを馬蹄形の曲線状につなげた羅圏椅は、中国家具の中で最も上品だと言われている。肘かけ、背もたれ、脚など、突出した部位にだけ簡素な彫刻が施されており、赤い花や雲龍を彫って動と静とを結びつけ、全体に精巧さと簡素さがうまく調和している。

　明代末期からは硬木家具に象嵌の装飾技法が現れ始めたが、その多くは草花や幾何紋だった。しかし皇室や上流階級の家具の多くは象嵌や陽刻、透し彫りで飾られ、全体に華やかで繊細だ。

家具の配置は軸を中心とした左右対称

　このような家具を室内に置く際は、四合院の住居の配置原理と同様、常に対称となるよう対にした。家具だけでなく、壁にかける絵画や天井に吊るす照明なども対をなしていた。

　このように空間構成において、軸を中心に対称にするのは、古代中国人の美意識だ。

　しかし、対称の配置がすべての空間に適用されたわけではない。たとえば正房の中心である祖堂は、家族が集まったりする日常空間であると同時に、祖先を祀ったり、客を迎えたりもする複合空間なので、あまり華美にならないようにした。

家具の配置の序列は儒教の伝統の産物

　正房の両側にある臥室は、寝室を兼ねた個人の休息の場なので、さっぱりと落ち着いた雰囲気にしつらえ、白色をよく使った。男性は趣味に合う装飾品を並べ、女性は鏡台など化粧に必要な家具を置

四合院の正房の祖堂は中央の絵画を中心軸にして家具や照明、
装飾品などを対照に配置した

いた。装飾用の陶磁器は、吉祥紋が好まれた。

　書斎は勉学の空間であるため、こぢんまりとした静かな部屋を選んだ。明るい場所に長方形の机と、紙や筆などの筆記用具を必ず置いた。また、親しい友人との交流の場でもあった。書斎の家具の多くは、古いカリンの木である黄花梨で作られた。美しく丈夫だからだ。テーブルの椅子は、テーブルを中心にほとんど対称に配置されたが、収納家具などは必ずしも対称にこだわらず、空間全体のバランスを考えて置かれた。

　四進四合院のように内院が２つある大きな邸宅は、内院の間に庁房を置いた。庁房は内院同士をつなぐ空間で、家族の集まりや公的な集会、または祠堂や客の接待に使用された。したがって庁房は広く、大きな植木鉢やたくさんの椅子が置かれ、整然としていなければならなかった。いっそう落ち着いた感じにするために屏風を飾ったりもした。

　家具の配置は序列が反映されたもので、椅子も対称に並べられることがあった。祖堂や庁房に置かれる椅子の位置にも、家庭内の序列が厳格に適用された。男尊女卑もその一つで、女性たちは祖堂の椅子に座ることが禁止され、立っていなければならなかった。

3　インテリアパーティションの優れた装飾効果

　四合院の興味深い要素の一つが、室内空間における動線と空間の使い方だ。一例として、正房の中心である祖堂は、両側の臥室に出入りするためのホールであると同時に、会合や社交のための多目的リビングルームだ。私的空間である臥室には外部と通じる戸がなく、祖堂の出入口を使う必要があった。そのため、プライベートな空間を守る装置が必要となり、間仕切りが発達した。この間仕切りこそ、室内空間を区切ると同時に装飾効果も発揮する、中国式イン

テリアパーティションなのだ。

　中国で最初に使用された間仕切りは、張り巡らせる帷帳、上から垂れ下げる簾幕、衝立の形態と機能を備えた屛風などだった。帷帳は布地を何枚もつないで、ぐるりと張り巡らせたり垂れ下げたりしたもので、織物が発達して使いやすくなっていた。

　遊牧時代や古代の戦争時には、野外に幕を張って寝起きした。昔の宮廷でも、屋外行事の際は、簾幕を垂らして王のために臨時の空間を用意した。こうした屋外での目隠しが次第に室内にも採り入れられ伝承されながら、室内空間の拡張のための仕切りや、私生活を守るためのインテリアパーティションが発達したと思われる。

隔断、隔扇門と碧紗橱

　隔断は四合院の室内空間を可変的に区切るための設備の総称で、室内空間の開口部の横に隔扇の一部を固定したり、隔扇とその他の設備を組み合わせたりした。

　四合院の室内空間の区切りは、空間の広さと関連がある。恭王府のように大きな四合院は、内部の別々の空間を隔断で仕切ったりもした。一般の四合院は出入口が中央に1つしかなく、両側の空間と分離する必要があって、こうしたパーティションが発達したと思われる。隔断は、このように四合院の室内を区切るために、公的空間から私的空間に至るまで複数の視覚的段階を経ながら、装飾としての機能も果たすようになった。

　隔断は、時代と共に寝室の間仕切りおよび装飾として発達した。代表的なものが隔扇門と簟だ。

　隔扇門は格子を使った扉で、隔門とも呼ばれる。清代に室内空間を区切るために使われた装飾品のひとつだが、〈隔扇〉とは幅の狭い複数の扉をつなぎ合わせた形態で、屛風の概念と機能を発展させ

たものだ。

　格心（隔扇門上部の格子部分）と、下部の裙板と呼ばれる部分とで構成されており、1間に4・6・8枚の扉が使われ、すべて開けられるようになっている。

　格心は灯火の模様をした複数の彫刻が連なる格子窓で、それぞれの彫刻の中央に絵や文字を書いた紙を貼ったりした。宮廷や金持ちの家では、ガラスやさまざまな色の絹布を貼った。この高級な隔扇門を〈碧紗櫥〉と言い、碧紗櫥が設置された部屋の内部を〈碧紗櫥の中〉と表現する。李允鉌は、隔断について次のように説明した。

　　不完全なものや半隔断というべきものもあるが、動かしやすく、あるいは移動が可能な隔断も含む。さまざまな状況において、室内空間は固定した間仕切りを必要としない。仕切られた部屋では、間仕切りが通風と採光の働きも同時に行うため、外簷修装に使われる隔扇を隔断に使用する。隔扇や隔門形式の隔断は上部が外に通じる格心になっており、文様が美しいだけでなく、採光を一定にすることができる。どこから見ても完全な隔断は作れないとはいえ、呼応する部分があるので、風情のある実用的な形式となった。それだけでなく、格心をすべて開けることもできるが、空間をすべて連結させる必要がある時は、隔門を開けばよい。このような門式隔断に似たものに窓式の隔断もあるが、前者との違いは、裙板より下の部分が固定されており、上部の緘窓のような部分だけを開閉できるという点だ。しかしこうした形式の隔断は外簷修装のための門や窓と変わらないが、隔断の方が比較的精巧だ。このような隔扇式の隔断で区切られた室内空間を、清代には碧紗櫥と呼んだ。この名称は、格心の上にたいてい絹布が貼られていたことに由来する。

宋代に記述された『営造法式』では隔断のことを格子と称しており、製作方法ごとの種類も記している。全般的に唐・宋代にはこのような内簷修装が大きな変化と発展を遂げたと言われており、明・清代には細部の仕上げや装飾技術がより多様に発展したと推察される。

　李允鉌は著書『中国古典建築の原理』の中に、建築学者・劉致平の「仮に、中国歴代の知恵が積み重なっていなかったら、あれほど多彩な方法を考え出すことはできなかったはずだ。中国以外の国では、内簷修装に係るあれほど多くの手法は見られない。これは世界文化の神髄であると言って過言ではない」という一節を引用し、「中国古典建築の輝かしい成功は、室内設計における数々の創造的な成果と、各種の条件を、装飾的に美しく発展させたところにあった」と同意した。成功の背景については、建築設計とは別のところで木造建築の指物師が装飾的設計を行い、自由に独自の発展を遂げたために可能だったと力説している。

　実際、中国は世界で最初に架構式構造（柱と梁で床や屋根などを支える構造）の建築が発達した国だ。木造建築の構造的体系はもちろん、細部の装飾材に至るまで最も長い歴史を持ち、使用範囲も多岐に渡り、それを応用する技法も大いに発達した。

　本来、架構式構造では屋根を中心とした上部構造の荷重を柱が支えるため、壁は自由にできる。すなわち、どのような方式であれ内部空間を分離するための設備は、建物の構造との力学的関係がないから、材料の選択や形式・構造などが完全に自由なのだ。こうした原理は韓国や日本の木造建築も同一だ。したがって、柱の間の前面を戸や窓にすることができ、同じ原理で、室内に多様な間仕切りを用いることもできる。

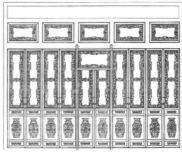

碧紗橱の実物と図式

　このように荷重を受けない壁を帳幕壁と呼び、反対に、荷重を支え構造物の基礎に伝える壁を耐力壁という。後者は、柱だけで支えてきた荷重を壁にも分担させる工法で、高層建築や軽量鉄骨建築において、建物自体の荷重を減らし内部空間を確保するために使われている。

　耐力壁式構造では内部の間仕切りが常に重みを支えるため、それなりの材料を選ばねばならず、空間分割の方法も制限される。

罩、隔断から進化したパーティションの代表格
　空間の固定的分離のための隔断から、さらに進化したパーティションを罩と呼ぶ。心理的、装飾的な区切りの役割は果たしつつも、簡単に出入りできる点に違いがある。

　罩の由来は帷帳と直結する。当初は帷帳に用いる補助設備だったものが、次第に帷帳の装飾効果を代替するようになり、今日の形に発展したらしい。

　罩はたいてい木製だ。窓と戸口とで空間の立面全体を構成する場

合には、単純な形の箪や、精巧な彫刻を施した複雑な形の箪、また
は戸口と箪の複合形態を備えたものが使用された。紫禁城や恭王府
のような大邸宅は建物の幅と奥行きがあるので、左右の側面だけで
なく奥の空間を区切るため、さまざまな箪が作られた。

　箪は装飾効果も優れているため、四合院に積極的に使われた。箪
の神髄は装飾にあり、たいていは木に複雑で繊細な文様を施した。

　箪の名称は通路部分の形態と規模に応じてさまざまで、装飾効果
もまた大きく異なる。開かれた通路を広く造り、柱から冠木（左右
の柱の上部を貫く横木）まで一つの彫刻で飾った天弯箪、中央に作っ
た円形や八角形の戸口の周囲すべてを彫刻で飾った門洞式花箪、隔
断を中央に置いて両側を開放した太師壁、両側に隔断を置いて中央
を開放した多宝格などがある。

　これ以外にも、箪を少し変化させた博古架がある。家具の装飾品
陳列機能を箪と組み合わせたもので、間仕切りと収納の機能を兼ね
ている。すなわち、装飾品を陳列する棚を追加したもので、今日も
単独の家具として広く使われている。

　明・清代には箪が室内設計の核心設備として定着し、ごく小さな
空間を区切る際にも箪を使うほどだった。箪が、間仕切りの代表格
になっていたのだ。李允鉌は、箪の起源は雀替（垂木と柱が交差する
所に支えや飾りとして付ける構造物）の一種である花牙子だと見ている。

帷帳――中国初の間仕切り

　帷帳は、今日のカーテンのようなものだ。カーテンは窓を覆う
が、織物で作った帷帳は元来、目隠しのために作られた。

　ヨーロッパの城の内部を見ると、王や領主は特に区分された寝室
を持っておらず、広間の一角にある寝台で寝ていたことがわかる。
そのため寝台の四隅を帷帳で覆った。このような用途の帷帳は装飾

上海の豫園の隔断
西塘の朱氏家の階段前にある小型隔断
斉白石故宅の隔断
恭王府の碧紗櫥の隔断（上から時計回りに）

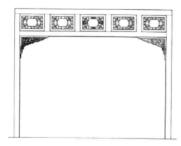

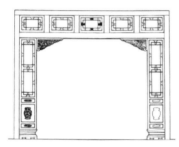
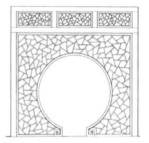

罩の多様な形態と装飾

故宮博物館の罩
故宮博物館の花罩
西塘にある朱氏家の隔断と花罩
豫園の飾り窓（上から時計回りに）

効果も大きいため、発展し続けた。すなわち帷帳は、最も便利な方法で空間を区切る、機能的な装飾品だった。

　四合院では空間を区切る箪や寝台に帷帳が用いられた。中国は早くから織物製造が発達していたため、絹布や透き通る布で作った帷帳がさまざまに用いられた。室内の天井が高い場合は、天井の上部を覆うことができ、装飾にもなる帷帳を使用した。韓国でも古くから多様な帷帳が使用されたことは、高句麗の古墳壁画から朝鮮時代の儀軌に至るまでのさまざまな遺物が立証している。

　古代の文献や図画によると、中国最初の間仕切りは、古代から使われた帷帳、簾幕（すだれや幕）、屏風だと推測される。宮廷での帷帳使用は、『史記』の一節にも登場する。「沛公が震宮に入ると〈宮廷の帷帳〉に犬、馬、宝物、婦女が数多である」。古代宮廷でも帷帳などを利用していたことがわかる。

　帷帳には利点が多い。空間構成をいつでも変えることができ、開閉が可能で、装飾効果も大きい。絹糸で花柄が華やかに刺繍された大きな帷帳を張れば、その色彩や気品によって、室内の雰囲気が豪華で格調高いものになったであろうことは、想像に難くない。

屏風——観念的に建物と連係した必須の設備

　屏風という言葉は〈風を防ぐもの〉という意味がある。屏風は中国では帷帳と共に長い歴史を持つ間仕切りだ。

　李允鈨は、「屏風は『周礼』や『礼記』に〈扆〉として記録されている」と指摘している。すなわち「天子は「扆」に向かって立ち、また天子は扆を背にして南に向かって立つ。扆とは屏風のことだ。このように屏風は本来、室内において、正面に対する背面の壁であったとわかる」という。そして、『釈名』の「屏風は風をさえぎる。扆は後ろに立てかけるものだ」という記録を見るに、屏風は

皇室の寝台に使われた帷帳

もともと風を防ぐ設備であったが、後に祭礼上の扆として発展したものと思われる。いずれにせよ扆は、中国建築において最初の、内部空間分離用の設備であった」としている。

　以後、屏風は可変性のある間仕切りとして発展しながら、次第に、より精巧な家具に進化した。李允鉌はさらに、室内空間と共に進化してきた屏風の機能と役割について「秦・漢代の頃、帷帳と屏風は室内に欠かせない設備として、観念的に建物と連係した一要素であると考えられた。ひいては、これらによって室内の各空間を命名したり説明したりもした。〈帷帳が張られ、前後に屏風が置かれている〉という表現が、当時の文学作品によく見受けられる。唐・宋代に至ると、帷帳と屏風は服飾や家具の一種とみなされるようになってしまったが、中国建築における室内分割の方式はすべて、帷帳や屏風の概念に順じて発展してきた」とした。

　中国の四合院によく見られる屏風は、脚つきの巨大な板の枠の前面を絵などで飾ったものが主流で、材料はいろいろだった。こうした屏風は簾幕の機能を引き継ぎながら進化したものだ。韓国では国立古宮博物館に所蔵されている「日月五峰図」の挿屏（木枠に絵を描いた板をはめた屏風）が、このような屏風だったと思われる。

　中国の屏風は韓国や日本に伝わり、三カ国いずれにおいても必需品として定着した。

　中国の屏風には、衝立のようなものと、複数の部分をつないで作られた、折りたたみ式のものがある。折りたたみ式の屏風は、絵の描かれた紙の屏風よりも漆塗りの屏風が多いが、漆塗りの屏風にもやはり脚がついている点が、韓国の屏風と異なる。この違いは室内の生活様式に起因するもので、四合院の床と韓屋のオンドル部屋の床の仕上げ材との違いや、空間の使い方の差によるものだ。

　このように帷帳や衝立、屏風は、いずれも移動が容易でどのよう

明・清代の屏風

な空間も簡単に区切れる。こうした可動性のある目隠しを始め、隔断や簾のようなパーティション、さらに四合院の垂花門や影壁といった固定した目隠しから、私的空間を視覚的に分離しようとする中国人の意識が覗える。

　なお、プライバシー保護のためのこうした設備も、視覚的な遮断をするだけで、聴覚的な遮断にはわりに無頓着だ。これはおそらく、与えられた空間の中で起こる人間関係や親密さとも関連しているのだろう。すなわち、これらの遮断設備は、外部に対しては防衛的だが、内部の居住者に対しては開放的な仕組みだ。

　総合的に見ると、室内空間を分離して空間を存分に活用できるようにし、優れた装飾にもなるパーティションは、空間使用に対する中国人の興味深い気質も示している。四合院のインテリアにおける、重要な補助要素だと言えるだろう。

05　四合院の伝統インテリアに見る中国人の美意識

　四合院の伝統インテリアの主な装飾要素は、窓や戸、格子の形と文様、家具、特に椅子やテーブル類の種類と進化、赤を基調とした室内外の彩色や五方色の彩画、多様な文様と彫刻技法、空間を仕切るためのパーティションである隔扇や箪、帷帳や屏風等に要約できる。

　これらの装飾要素が、中華思想に通じる中庭中心の〈箱の空間〉の無限増大構造、空間の対称・軸的構成、儒教の秩序に基づくデザインと共に、四合院の美学的特性を形成していることを確認し、中国人特有の美意識をも感じることができた。

　昔から中国では、美に関する議論が活発に行われてきた。特に荀子は、「美は、善や好といった内的性質を持ち、適切な表現形式を有する。したがって、金や玉で作った器物や彩色した衣服、華麗な文様のような美しい芸術品で装飾することにより、その徳をいっそう高めることができる」とした。また、「君子たる者は、荘厳で華麗な装飾なしで民を治めることができない」と述べて、美しさの特徴を装飾としてとらえた。したがって「実用性のみを重んじ、装飾を好まなければ、凡庸なことばかりに傾く田舎者になるだろう」と、装飾を否定的にとらえた墨子を批判したりもした。

　これについて、中国の美学者・施昌東は、「当時の新興地主階級の利益を擁護するための詭弁」と批判しつつも、荀子の美学思想が体系を備えており、中国の古代美学思想はもちろん、後の唯物主義

美学理論の重要な基礎となったことを認めた。

　荀子の〈装飾支持論〉が四合院のインテリアに影響したとは言えないが、少なくとも封建社会の上流層が装飾を重んじる風潮を後押ししたのではないだろうか。四合院の彩色や彫刻などの装飾が、日本や韓国に比べて際立っているのは事実だからだ。特に中国は、先史時代の青銅器以来、彫刻を重んじていたことから、精巧な彫刻の美しさを強みとしていたことがわかる。

　四合院の伝統インテリアの美学的特性は、次の四点に要約できる。

　まず何より、〈軸を中心とした対称〉という、バランスの美意識が際立っている。正房を中心とした左右の廂房、中庭の植栽、住宅外観における窓や戸、室内の家具や壁の絵、卓上の装飾品、家具のデザインなど、中心軸があれば、必ず対称的に配置された。この〈軸と対称〉は、四合院の住居と同様、伝統インテリアにおいても核心原理だ。軸と対称の原理は、秩序の志向につながる。厳格な秩序に基づいたインテリアは、より格調高い空間を造る際に使われるからだ。

　二つ目の特性は、装飾文様のパターンの反復だ。窓、戸、格子、天井等の装飾文様が繰り返されるパターンは、どの階層にも好まれた。文様は主に、幾何紋や植物紋が複合的に使用された。文様は、人間だけに可能な象徴的思考によって創り出されるもので、意識の反映であり創造性の産物だ。したがって、文様が繰り返されるパターンには、中華思想を信奉する中国民族の〈同質性追求〉という美意識の一端が垣間見える。

　三つ目は、装飾彫刻における面の構成と、空間を埋めるための精巧な技法が具現する機能的・美的優越性だ。装飾彫刻には、木材の表面を削ったり彫ったりする半立体的な浮雕、前後左右すべての面

を丸く彫る三次元の立体的円雕、木材の裏面を完全にくり抜き、透明な空間を確保する透雕の技法が主に使われ、屋根や窓、戸、回廊、隔扇、箪やその他の家具にも使われた。これらの技法は、装飾に対する情緒的アプローチとも関連しており、特に透雕の技法は、空間に対する高度の三次元的透過性を装飾に適用したものであり、機能的・美的優越性を示している。

　最後に、赤を中心とする五方色の彩色や吉祥紋を好むことが挙げられる。四合院は、韓国や日本に比べ、外観の色彩が強烈だ。どっしりとした赤い柱、回廊の欄干とその上部の派手な彩色や文様、壁の飾り窓のさまざまな形、建物の外観における窓や戸、門の緑と赤の調和、特に正房の前廊上部の華麗な五方色彩画や文様、このすべてが強烈な印象を作り出している。

　古代中国人にとって色彩は、人間の精神を育て、生の深みを表現する大事な手段であった。この文化は陰陽五行説に基づいている。陰陽五行は、中国を中心とする東洋文化圏において宇宙認識や思想体系の中核となった原理だ。古代中国人は、五行（金・木・水・火・土）によって自然界の万物が生成され変化すると信じた。したがって色彩も、この五行に基づく五方色（五行の各気運と直結した青・赤・黄・白・黒）が色彩意識を形成する元になった。さらに色に限らず方位や季節、さらには宗教的、宇宙的哲学観まで形成した。そのため中国人は邪気をはらい福を呼ぶべく、五方色を用途や身分によって区分し、服飾、工芸品、王宮や寺院の丹青、食事など、生活全般に適用した。皇帝も、五行によって色を決めたほどだ。

　上流階層にとって色彩は、住居や衣服を通じて身分の高さを誇示する手段でもあった。中国人は、このような表現行為自体を、社会的規範として認識した。木造建造物の丹青も、建物の保存や装飾という目的だけでなく、王宮や寺院の威厳を誇示する表現手段であった。

五方色の中でも赤を偏重する中国人の風俗や心理には、文化歴史的背景がある。原始時代から赤は生命力を象徴する血と、原始人が崇めた火のイメージを持っていた。さらに原始的な宗教観念では、赤は災難を退け危険から守ってくれるものとされた。このように原始文化で形成された赤色の価値や象徴的意味は、民族の深層心理に蓄積し、縁起の良さやめでたさの象徴として根づいた。

　古代から中国人にとって特別な意味を持つ赤は、近代に入ると革命戦士の政治的道具として利用され、単純な政治的扇動を超えて中国という国を象徴し統合する役割まで果たした。赤は今日に至るまで、情熱、進取、権威、富貴を象徴する色として好まれている。

　幸福な人生を願う吉祥紋を好む風潮は韓国も同じだが、その美的表現ははるかに強烈だった。

　昔の人々が生きていく上で最も願ったのは、福（幸運と祝福）、禄（立身出世）、寿（無病長寿）で、この３つを図案にしたのが吉祥紋だ。長い戦乱や政治的混乱の中で災難を逃れ、平安や福を求める人々の願いが、生活の中の装飾文様にまで反映されたものだ。吉祥紋は主に動植物の形やイメージを借りたが、名前の音が福、禄、寿に似ているという理由で吉祥紋に含められたものもある。また後には、福、禄、寿の文字自体も吉祥紋にデザインされた。

創造的室内設計と非凡な装飾能力

　李允鉌が指摘するように、中国の古典建築が目覚ましい成果を収めた原動力は、奥深い精神文化に根ざした創造的な室内設計と、その成果を美しい造形に昇華させた非凡な装飾能力と言えるだろう。

　中国の室内設計の伝統概念は、空間を区切っても完全に隔離せず、変化を求める一方で、持続的でありしかも疎通できるという、独創的なものだった。これは基本的に現代の室内設計と合致する

が、それは偶然の一致でも、同じ美学理論を有しているからでもなく、標準化された平面・架構式構造という条件が共通しているためだ。

　空間の区切り方も、韓国や日本に比べ独創的だが、半開放的な区切り方に加え、装飾品も積極的に活用して、卓越した造形美を創造した。

　四合院の伝統インテリアには、福や平安を願う装飾の美的・デザイン的要素を宇宙や自然の一部であると認め、それと一体化しようとした中国人の美意識が息づいている。

（註）四合院に関しては、韓国の代表的な中国住宅研究者ソン・セグァンの著書『北京の住宅』（ヨルファダン、1995)、『広く見た中国の住宅──中国の住居文化（上)』、『深く見た中国の住宅──中国の住居文化（下)』（ヨルファダン、2001）を参照し、一部を抜粋して整理したものであることを明らかにしておく。

3　抑制と観照の緊張美、書院造

01　書院造の構成原理と背景

　日本の中世（1167 〜 1603）は、天皇と貴族を中心とした古代国家が解体され、武士が政権を執って武家社会になってから約 400 年間の時期をいう。貴族の勢力を追放して武士が政権を掌握したものの、文化は依然として貴族や僧侶が牽引し、後半期には庶民層が徐々に頭角を表した。

　書院造は、中世の室町時代（1336 〜 1573）に武家によって造られ始め、近世初期の江戸時代（1603 〜 1867）に確立した上流家屋の様式で、武家屋敷の典型となった。

　書院造は、日本の伝統家屋に形態的体系をもたらした、住居文化の原点である。住居内の空間の区画概念や障子、畳の拡張といった日本家屋の文化的指標が、この時期にすべて確立されたからだ。

儒教・禅宗的背景と空間構成

　書院造は、武家社会の儒教的格式や位階秩序はもちろん、禅の思想や道家（老荘思想）的自然観が一つになった独特な住居様式であり、日本文化の複合体だと言える。

　日中韓が共有する儒教・仏教・道教の中でも、武家の厳格な階層社会を支えた儒教規範や、武家精神の根幹である禅は、書院造の形成に大きな影響を及ぼした。無為の道家的自然観は、書院造の造形意識である〈親自然性〉と〈観照〉の基礎となった。

　この二つの概念は、造園などに人為的な技巧を使いはしても自然

に順応し、事物を観照することで、〈空〉を通じて事物と己を一体化させ、異なる世界を体験させるよう導くものだ。

書院造の平面構成の原理は、畳のつながりと広がりである。これは分割・連結とも関連する。庶民の家屋は田の字形の空間区画と秩序を有するのに対し、上流家屋である書院造は用途に応じて分割された空間を、主人の身分や権威を誇示するために連結・拡張した。畳部屋の連結・拡張により生まれた平面は、そのつど形が違う。

書院造の構成の特徴として、非対称を挙げる人もいる。非対称の一般的特徴である自由や余裕ではなく、抑制のきいた、こざっぱりとした緊張感が感じられるというのだ。その例として、長方形の畳の幾何学的パターン、壁の装飾に用いる自然のままの柱、観賞用の空間である床の間、違い棚などがあるという。「日本の建築の直線の中には曲線が潜んでいる」という日本人の一風変わった主張も、この非対称原理と一脈通じている。

重層性・両面性・集団主義・現世主義

一般的に日本の空間概念は〈相対的曖昧さと複合性〉に要約され、〈奥〉という言葉で代弁される。すなわち、秘められ、隠されているが、意識せずとも常に周辺にあるという相対的な空間概念のことで、書院造の雁行配置が、その代表例だ。

この特性は、日本文化の両面性や複合的重層性と関連しているようだ。日本の社会・文化を理解するためのキーワードとしては、両面性、重層性、和魂洋才、閉鎖的な集団主義の〈和〉、現世主義などがよく知られている。

重層性とは、古いものと新しいものを日本式に発展させ、改良することだ。日本文化は、系統の異なる文化が共存・混在する重層文化であり、伝統文化の根本は継承しつつも、外来文化や思想の良い

部分を取捨選択して新たな文化を創造するという実用的な面を持つ。

　現在も維持されている天皇制や、漢字が半分以上混ざっている日本語、神道と仏教の融合などが代表的な例だ。

厳格な意匠・位階と抑制・観照の美

　書院造の一番の特徴は、武家社会の儒教的意匠や位階秩序、禅の影響を受けた抑制と観照の美的完璧主義だと言えるだろう。

　書院造の空間の構成や使い方には、武家社会の上下関係が如実に反映されており、格式と威厳を象徴する、客のもてなし方がその根底にある。一般的な書院造の家屋でも、重要な客は床の間前の上席に座らせるのが礼儀で、これは今も引き継がれている。

　日本の上流層の伝統住居は、二つの時期の二つの類型に大別される。

　一つ目は、平安時代（794 ～ 1185）の貴族の住居である寝殿造だ。当時、庶民の住居はまだ竪穴式住居が主流だった。

　寝殿造は平安時代に形成された貴族の住居様式で、唐の建築様式を採り入れ、個人の空間である寝殿であらゆる接客や儀礼が行われたためにつけられた名称だ。

　寝殿は母屋（建物本体）と庇（母屋脇の空間）で構成され、南庇は客人接待に、北庇は日常の生活空間として使われた。外周部の戸を開放すると、住宅内部が一つの空間となって外部の空間とも通じたから、プライバシーはあまり守られなかった。実のところ、寝殿造には壁がなかったと言ってもよい。空間分離には、屏風や壁代（天井からかける垂れ布）等が使用された。

　寝殿造の構成は、初期は左右対称だったが、徐々に対称の配置が減って単純かつ実用的なものとなり、中世後半になると書院造に進

化した。

　二つ目は、室町末期に現れた武家の住居である書院造だ。

書院、武家文化の原点

　書院造は、寺院で僧侶が経典を読むために造った書斎を導入した
のが始まりだ。江戸時代に入り武家社会が安定すると、その格式や
威厳を備えた生活規範が居住空間に導入され、上級武士の住居様式
として定着した。

　したがって、日本の伝統建築を代表する書院造の住居文化を把握
するには、武家の暮らしや文化を理解しなければならない。

　日本の古代社会は京都の貴族が主導していたが、12世紀後半に
武家が政権を握って貴族の荘園を奪い、経済的基盤を拡充すること
により、中世初期の鎌倉時代（1185〜1333）から近世初期の江戸時
代に至る武家時代が幕を開けた。

　武家の政権である幕府は、12世紀から19世紀まで約700年の間、
将軍を中心に日本を実質的に統治した。幕府は、初めは軍事指揮本
部を意味したが、軍司令官である将軍が天皇の代わりに実質的な統
治者となり、その本部が政治・行政・経済を掌握して、政府を意味
するようになった。

　鎌倉末期から室町初期は、貴族が没落し武士が優勢となった〈野
蛮の時代〉であった。貴族を護衛したり戦ったりする警護員に過ぎ
なかった武士が、数度の戦乱を経て中央政治にまで進出し、貴族階
級に代わって政権を支配するようになると、政治だけでなく経済や
社会全般が混乱した。文化的にも、貴族文化と武士文化が混沌とし
た、変化の時代だった。

　武家の精神的基盤は、鎌倉時代に中国から入った禅の思想だ。当
時交流が活発に行われた中国の禅僧の生活様式が、武家の生活に多

日本の代表的伝統建築物である金閣寺

方面で影響を及ぼしたのだ。すなわち、禅宗の方丈制度、庭園、茶をたしなむ習慣、接客方式、掛け軸や文具類など、それまではなかった文物が入り、古代貴族の寝殿造の様式も徐々に変貌し、禅の香り漂う武家社会が確立した。

書院造は、武家社会の接客法や日常生活が慣例化するに従って確立した住居様式だ。

〈書院〉はもともと、官庁付属の書庫や書籍編纂所、個人の書斎を指す用語で、特に禅僧の書斎兼客間を指していた。しかし、禅宗に心酔した室町幕府の第8代将軍足利義政（1443～1490）が住宅に玄関を導入するなど、禅文化を積極的に採り入れた。そして客室である座敷に書院が造られ、書院を中心に茶道の儀式が行われて普及し、書院は武家文化を生み出す舞台となった。

このように書院造や茶室は、禅に傾倒した武家の意識や価値観と深く関連している。武家社会にのみ許されていた書院造は、次第に財力のある商人や地方の名主の住居にも採用された。書院のさまざまな要素は定型化し、今日の和風住宅に受け継がれている。

垂直階層制度と居住

米国の文化人類学者ルース・ベネディクト（Ruth Benedict）は、日本の社会・文化を理解しようとするならば、階層制度と、それを支える伝統規範である恩、義理、義務を制度として把握しなければならないと指摘した。

階層制度は単なる身分制度ではなく、社会集団において個人が占めるにふさわしい位置を意味し、二つに大別されるという。

まず一つ目は家庭における階層制度で、江戸時代から続く〈家〉制度の厳格な序列が、階層制度の根幹だと言える。家長の権限は、終身的な中国とは違って流動的なので、長男が家長になれば父親も

江戸幕府の城だった名古屋城の天守閣
江戸幕府の家臣前田氏の居城だった金沢城
姫路城

長男に従わなければならない。

　二つ目は、社会生活における階層制度だ。日本は7世紀頃に中国から律令を導入し、固有の階級秩序を築いたが、その頂点にある天皇は象徴的な存在であり、実際の統治者は将軍だった。その下に大名と、大名を補佐する侍（さむらい）がおり、その下が平民・庶民層というタテ社会だった。この制度は明治時代に四民平等政策が採られると、身分の代わりに経済的地位によって階層が分かれるという新たな形になり、近代にも引き継がれた。この階層制度を支える規範である恩、義理、義務は、他人から受けた親切や恩恵は必ず返さなければならないという、日本特有の価値観に基づくものだ。

　このような階層制度は、江戸時代に確固としたものになった。当時の武家屋敷は、階級ごとに家の位置や規模等に法的制限が設けられた。また、庶民と武士の居住区域は分離され、江戸のみならず、すべての城郭都市で、身分による居住区域が定められた。

　天守閣を中心に大名屋敷を配置し、次に、城内に重臣の屋敷を置いた。武士の住居は序列によって上級武士から足軽に至るまで、城や陣の周辺に配置した。基本的に序列の高い武士ほど、主君である大名の屋敷近くに住んだ。主君から家屋を下賜されることが多かったから、序列が変わると家屋も変化した。

　下級武士は長屋に住んだ。城の外郭には、商工業に従事する庶民の住居である町屋があった。商人の町屋は二階建ての店舗付家屋で、道に面した間口は狭く、奥行きの深い長方形だ。裏庭には、職人たちの作業場や宿舎が並んでいた。

　大名が江戸の屋敷の土地を将軍から下賜されるように、藩の武士たちも大名から住居用の土地を下賜された。その大きさは禄高で決まり、家屋にもさまざまな制限がつけられ、場合によっては客間の広さや床の畳の数までも制限された。身分別にのみ制限された李氏

新発田にある足軽長屋

朝鮮に比べ、ずっと細かく厳しい規制だった。

　江戸幕府は、当初から倹約主義を取り、1699年には住宅の桁（建物の垂木を支える木）の厚みや、内部装飾も一つ一つ指定されているほどであった。武家屋敷の象徴である門の大きさや構造も、身分や格式によって決められた。最高層の武家屋敷の入口には玄関が設置され、正式な出入口として使用された。玄関は、客間と共に上流武家屋敷の象徴であった。

参勤交代と江戸の大名屋敷

　徳川幕府は中央集権的な権力を強化するため、朝廷、寺院、大名などが勢力を増すのを未然に防ぎ、彼らの交流を遮断しようとした。260〜270人ほどいた大名は軍事力を保有していたから、特に厳しく統制した。その一環として1615年から段階的に整備された〈武家諸法度〉は、将軍に対する忠誠、政治的訓戒、治安維持や儀礼を定めることにより、大名の行動や結婚を規制し、徒党の結成や軍備増強、大きな船の建造、キリスト教を禁じた。

　また、将軍の指示で、戦国時代から慣例となっていた人質制度を、1635年に参勤交代として定例化した。大名が反乱を起こせないようにするため、一年おきに江戸に居住させる制度だ。そのため大名は、一年は江戸に、翌一年は領地に居住し、正室と子供たちは人質として江戸に住まなければならなかった。

　この制度は、大名を監視すると共に分権的制度を一つにまとめる働きをした。また莫大な費用のかかる大名行列によって大名の財政を圧迫して軍備増強を防ぎ、15代にわたる徳川家繁栄の礎を築いた。この他にも、外様大名の勢力を弱体化するため、貢物の納付、軍役、労役奉仕などを強いた。

　参勤交代には人や物が大量に動員され、将軍の狙いどおりに大名

の財政を弱体化させたが、一方では宿泊業や商業の発達を促した。

　大名は、江戸城の近くに本邸の上屋敷を、郊外に別邸の下屋敷を置いた。家族のために都心から離れた静かな場所に、大きな庭園のある別邸を建てたりもした。また、上屋敷と下屋敷の中間位置に、別邸である中屋敷を建てたりもした。現在、上屋敷はほとんど姿を消したが、美しい庭園を備えた別邸は横浜の三渓園を始め、いくつも残っている。

　約 700 年もの間続いた幕府は明治維新によって崩壊し、1866 年に幕府が敗北すると、1867 年に大政奉還が実現した。

02　書院造の構造と空間の特性

　日本の住宅は、畳と板の間の空間が特徴だ。日本の住居とその文化を理解しようとするならば、まず気候条件を知らねばならない。日本列島は南北の気候の差が大きく、住居様式も地域の風土と密接に関連しているからだ。

　日本は比較的温暖な地域が多く、冬よりも夏の暑さが問題なので、開放的で風通しの良い住居が追求された。炊事や冬の暖房、湿度調節等のために、板の間には囲炉裏が造られた。部屋の床には畳を敷いたので、冬は暖かく、夏は比較的涼しく過ごせた。

　日本の住居の特徴としては、韓国や中国と異なり、一つの家屋にすべてのものを集めた集約型の平面構成を挙げることができる。すなわち、廊下や縁側はあるが、内部の部屋はすべてつながっている。

接待空間の登場

　書院造が形成された武家時代には、将軍を頂点とする武家中心の上流階級と、武家以外の下流階級が対立した。武家の書院造住宅も階級や禄高によって、上は大名屋敷から下は足軽の家に至るまで、敷地面積や建築様式などに細かい差がつけられた。例えば、大門を兼ねた長屋である長屋門は、300石以上の武士にのみ許された。それでも全般的に見ると、外見上の違いはそれほど大きくない。ただ、上流階級は茶の間を念入りに整えて美意識を表現する傾向が

あった。

　上流の屋敷では、客を公式にもてなす空間を重視した。将軍屋敷のような最上流の邸宅では、別棟に接待空間が設けられた。

　このようなもてなしの文化は、茶道を重んじ、茶をたしなむ習慣と共に、茶室という独特な空間を生みだした。茶室は、中世末から近世初めにかけて定着した。武家社会で茶道が接待に使われるようになると、茶室も武家屋敷の中で重要な空間となった。茶室は座敷に続けて配置されたり、下屋敷に、自然と調和する草庵のように造られたりした。茶室は、上級武士たちが茶をたしなみながら密談をする場所にもなったという。

　江戸時代以降は、茶室建築の影響を受け、繊細な木材や簡潔な装飾を特徴とした、格調高い数寄屋風の書院造、すなわち〈数寄屋造〉が登場し、富裕農民層や商人にまで普及した。

床の間──日本家屋の中心かつ象徴

　住居の接客空間で社会的交流が行われ、住居が社会と密接に関係するようになると、儀式やもてなしの空間である座敷は日常生活の空間と分離され、住宅の前面に設置された。

　最上流の書院造は、大小の書院を接客空間とした。大書院は対面、小書院は饗応の場で、客の身分に合わせた作法を重視した。表門と玄関は主人と客だけが出入りでき、家族はその脇の小さな出入口を使用した。

　書院造は、身分によって形態や規模、装飾に差をつけた。大名屋敷はもちろん、家老から足軽の家に至るまで、それぞれにふさわしい様式を適用した。

　一般的に知られる書院造は、客を迎える座敷に床の間、床脇、付書院、帳台構えを備えたものだ。上流の書院造では、この四つのう

書院造の意匠

ち床の間しかなくても書院造だと認められた。

　床の間は、信仰心や象徴性を内包した厳粛な空間で、独特の飾り
つけがされた。床の間とは部屋の一方の壁側にある畳一枚ほどの空
間で、部屋の床より少し高い壇のようになっている。漆塗りの長い
横材である床框、その上に敷く床畳、天井まで届く床柱、落とし掛
け（床の間上部の小壁の下に渡した横木）、きれいに仕上げた壁で構成さ
れる。正面の壁には、書や絵の掛け軸をかけ、床框には花瓶や装飾
品を置いた。

　床脇は、床の間の脇に飾り棚や戸棚を設けた空間で、付書院は、
床の間の横の明かり障子の下に座り机を造った書斎空間であり、帳

台構えは、付書院の向かい側に配置された障子装飾の空間だ。

　上流の書院造の床の間は、木材の種類やその構成形式等によって、真・行・草という等級に区分されることもあった。

書院と床の間は禅宗文化の産物

　床の間は接待や社交の空間である座敷にあり、床の間を背にする上席を客に勧める。封建時代には、主君や重要な客のための場所として格式化され、家の富を象徴するのにも使われた。

　寺院で僧房の壁に仏画をかけ、その前に経典を開く机を置いて香炉、花瓶、燭台を飾ったのが床の間の始まりだが、室町時代に禅宗文化が広まると一般の家にも造られたという。質朴を重んじた江戸時代には、床の間が住居におけるほぼ唯一の装飾空間となり、下級武士や庶民の家に床の間を設けることは禁じられた。

　禅宗文化の産物である書院は、当初は悟りを得るための部屋だったので、一方の壁に仏画や経典、お経を記した掛け軸をかけ、食べ物も少し供えた。しかし、書院はやがて武士や貴族の権威の象徴となり、高価な絵画や陶磁器を鑑賞し、心を休ませる空間に変わってしまった。それでも当初の神聖な意味合いは依然として残っており、むやみに床の間に上がってはならないとされている。

　18世紀中頃から、庶民の家屋にも数寄屋風の床の間が造られ始めた。第二次世界大戦後には、封建時代の象徴という批判と共に、都市住宅の狭さや家具の増加により次第に減少したが、経済が成長し、高級住宅が建てられるようになると、伝統的な畳部屋を造り、床の間をさまざまにデザインして組み込むようになった。

　床の間のように、部屋の機能に合う装置を据えつけたものを座敷飾りという。室町時代からこうした設備が登場したのは、中国から入ってきた書籍や仏画などの掛け軸、文具、茶器などを座敷に飾っ

て鑑賞する風習が定着したためだ。また近代以降は、造りつけの神棚や仏壇も導入された。

間の分割・連結、タテ式構成、内外の対比

書院造における空間の構成や使い方は、武家社会の格式と序列を反映したものだ。農家や商家のような民家も武家屋敷を模倣した。書院造の空間の特性を要約すると、次のとおりである。

第一に、書院造の平面構成の基準は、柱と柱の間の間隔である間（訳注　尺貫法の単位としての間とは別）で、間の分割や連結が書院造を特徴づけている。床の広さは四本の柱が向かい合うところを一間とするが、これは中国、韓国と同じだ。一間の大きさは、畳を何枚敷くかで決まる。したがって、畳の規格は、部屋の広さを表す基準であり、住宅構成の基準尺度になった。

間の分割と連結は、階層が高くなるほど複雑になり、将軍や大名の屋敷はまるで迷路のようだ。これについて後藤守一は、「日本の建築物は、まず建物全体の空間を考慮して内部を分化させるのではなく、部屋を造りながらできていくので、結局想像もしなかった複雑な平面が生まれる」とし、このような特性は、〈部分から出発して自然に全体に到達する〉という日本特有の思想に基づくものだと指摘した。

二つ目に、接客や儀式を重んじるタテ（縦）式構成を挙げることができる。武家社会の封建的なタテ社会が居住空間にも反映されたためだ。江戸中期から次第に空間の上下が重視され、複雑化した。例えば、下の土間や玄関から出発して上に向かう動線を重視し、その動線を曲げることで、位階的規範を認識させた。

三つ目に、内と外が対比する空間概念である。上流の書院造の空間は、二つの領域に区分される。第一領域は、外の儀式・接客空間

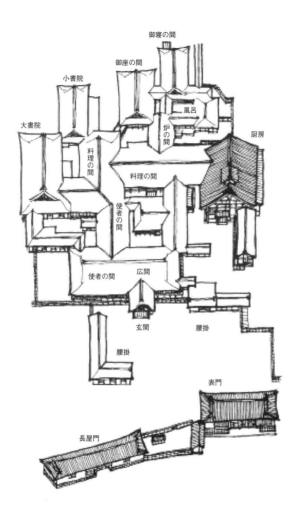

御寝の間

御座の間

小書院

大書院

風呂

炉の間

厨房

料理の間

料理の間

使者の間

使者の間

広間

玄関

腰掛

腰掛

表門

長屋門

宇和島藩主の江戸中屋敷

である表の領域で、南側の庭園に面して開かれており、身分の高い客を接待する時や特別な行事の時に使う。そのため身分にふさわしい規範を守る必要があった。第二領域は、内の日常生活空間である裏の領域だ。この空間はたいした装飾もない粗末な造りだが、外から見えないようにし、女性に任せられた。

このように表と裏に分けるのはハレ（晴れ、非日常領域）とケ（褻、日常領域）に対応する中世的領域区分で、中間領域として中奥が置かれることもあった。家族の生活空間は内に隠し、接客や儀礼のための社会的空間はその家を象徴する外の空間とする方式は、武士の格式や規範に従った結果であり、日本文化特有の集団主義と両面性がうかがえる。

これについて柳美代子は、「日本の伝統家屋の独特な特徴の一つは〈接待重視〉の空間配置であり、これは武家のみならず、農民や商人の住居でも同じであった。すなわち、採光の良い最上の部屋は接客や冠婚葬祭、年中行事用として使用したため、家族は採光の良くない狭小な部屋で不便な生活を強いられる非経済的な空間使用方式であった」と指摘した。

家族の立場が弱かったことは、居住空間の半分以上が家族の日常とは関係ない、家長中心の社会的空間で占められていることからも見て取れる。そしてこれは書院造の住居生活にもそのまま反映された。

木造建築である書院造においては、線的構成が目立つ。直線的な屋根や軒の線は鋭い角でまとめられ、抑制と緊張感を感じさせる。窓や戸は幾何学的秩序を表し、窓格子の外側に障子紙を貼るので、外からは面的に、内からは線的に見える。天井は格天井が大部分であり、外側の窓には防犯や悪天候に備えて雨戸を設置し、朝開けて夜になると閉じた。簾を雨戸の外側に垂らして日射しを遮断したり

もした。

武家の接待と庭園の発達

　日本は古くから造景を重視し、平安時代から江戸時代に至るまで庭園文化が栄えた。19世紀には、西洋の庭園にも影響を与えている。日本庭園は原始宗教に基づく自然崇拝に基づいており、自然の世界を限られた空間に凝縮しようとする。立体的にするために石を置くが、色彩感はほとんどない。枯山水、飛び石の配置、庭木の剪定などの技巧を駆使して自然を模倣した。

　寝殿造の時代から、最上層の邸宅の庭園には蓮池を造った。

　この時代の建物や庭園として今も残っているのが京都の平等院だ。寺院を中心に大きな蓮池が取り囲んでいて、とても美しい。

　日本庭園をさらに発達させたのは、禅宗の自然愛だ。中でも、造園技術に長けた夢窓国師は、広大な自然を狭い空間の中に圧縮して象徴的に表現した。

　書院造の住宅で〈対面〉という儀式的接客が行われるようになると、室内から観賞する庭園が、いっそう重要になった。鎌倉時代に登場した枯山水は、12世紀末、栄西禅師（1141〜1215）が禅を伝える際に導入した庭園様式だ。

　枯山水は、禅に心酔した武士が庭園を観賞と観照の対象とするために、熟練した職人に造らせたものだ。禅の精神を具現するため、水や草木を使わず、石と砂、苔だけで、深山幽谷や海、渓谷を再現した。そして、石の形や大きさ、配置によって、単なる風景ではなく一つの宇宙を形成する。この様式は中国の石庭に端を発するが、日本独自の再解釈がなされた。この独特な形式は、はげ山や水のかれた川を描いた中国の水墨画の影響を受けている。庭園は、書院造の書院から観賞できる所に配置された。

平等院の鳳凰堂と浄土庭園の典型である借景式庭園

龍安寺庭園

枯山水の頂点とされる京都の龍安寺の庭園は、15 個の石と白砂、苔のみで構成された平地庭園の典型だ。石は山と滝を、砂は流れる水を象徴する。

桃山時代（1568 〜 1603）には、上下関係に厳しい武家の特性が書院造に反映されたように、庭園様式も格式と規範を重視するようになった。寝殿造の庭園と枯山水の構成要素のうち、南の方位を無視して砂を排除し、山、渓谷、島、池、小川、滝などを造った。

一方、茶室建築が発達して生まれた茶庭は、桃山時代の茶人・村田珠光（1422 〜 1502）が茶と禅を融合させ、素朴な茶室で茶を楽しむ風流が広まって生まれた庭園様式だ。

小さな茶室に向かう道を庭園化したものを露地とも言う。草木や石もすべて茶会の性質に合わせて様式化された。以下に事例として取り上げた野村家では、茶室を二階に設けて階段代わりの広い板石を敷き、土壁で仕上げて、小さいながらも趣のある空間を造成している。

17 世紀初め、江戸時代に本格化した池泉回遊式の庭園は、蓮池の周囲を歩きながら景色の変化を楽しめるようにしたものだ。

このような庭園は実のところ、武家の家族がくつろぐためのものではなかった。家族が観賞することもできたけれど、主な目的は招待された位の高い武士が、座敷から降りてすぐ観賞できるようにしたものだ。こうした特性は庭園装飾の発達を促進した。

和魂の守り人、武家の生活

日本の伝統文化は、700 年に及ぶ長い武家時代に形成された。武家は、地主と小作人で構成された自警団が起源で、その一部が荘園を警備する集団を作った。その後、再び一つにまとまって各地域を基盤として勢力を蓄え、本格的な武家時代が到来した。

野村家の庭園

茶室入口の板石

金沢にあるひがし茶屋街

武家の規範は〈武家諸法度〉等に明示されているが、武家の統治が長期に及ぶ中で、日本人の生活全般に浸透した。武家時代の中で最も安定し、文化が栄えたのは江戸時代だ。

　江戸時代は 1590 年 8 月、徳川家康が本拠地を江戸に移してから 13 年後の 1603 年に、将軍の宣旨を受けて幕府を開いたことで始まった。実質的な国家統治者としての地位を、合法的に与えられたのだ。これ以降、徳川家が代々将軍の座につき、その下に各藩の大名と各藩の武士のタテ関係ができた。大名は、1871 年の廃藩置県で既得権を失い、公家と共に華族となって年金で生活するようになった。

武家体制と住居

　江戸時代は鎌倉時代に始まった封建体制が確立した時期で、将軍が莫大な権力を持ち、兵農分離を完成させた。大名を始めとする武士階級の封土と官禄制、農民からの年貢徴収体制も確立された。

　士農工商という身分制度が確立し、5～6％に過ぎない武士階級が軍事力と政治を独占し、80％以上の農民と5～6％の工商を支配した。武士は将軍、大名、旗本、御家人、陪臣、武家奉公人（武士階層とは別の、雑務を担当する最下位層）に区分され、主従関係に置かれた。

　大名は百万石から一万石まで約 260～270 の〈家〉があり、石高、将軍との信頼関係、功勲、官位によって〈格〉が細分化された。〈格〉とは身分上の栄誉または特権や階級で、封建社会の世襲制では〈家〉に与えられるのが慣例だった。

　近世武家の〈家〉は、二つに区分される。一つは自分が仕えている将軍家や大名家であり、もう一つは、先祖から受け継いだ家門だ。大名は領土を受ける代わりに将軍に統制され、改易（領地など

の没収）や転封（領地移転）等の処罰を受けることもあった。

　武士と共に、天皇家や公家、高位の僧侶、神職も支配層に属した。公家は家の格により序列が決まり、僧侶や神職も序列と官位が定められた。天皇及び天皇家と公家は、政治的に無力化されたまま存在していた。

　被支配層は農業のほか林業・漁業に従事する人々と、職人、家持(いえもち)町人で構成された。農民はいくつかの層に区分され、職人はそれぞれの仕事を国役(くにやく)として負担した。

　身分は世襲され、身分の移動は禁止されていたため、婚姻も同じ身分の間でのみ成立し、農民には居住移転の自由もなかった。

　武士はたいてい、大名の住む城の周辺に住んだ。彼らは城に通勤して藩の事務を行う公務員だった。

　百万石の金沢藩の場合、武士は人口の約30％で、残りが農工商人、僧侶、神官などだったが、武士の居住地が主要面積の約70％を占めた。このように武士階級が社会全般を支配していたものの、祭りや歌舞伎公演などはすべての階層が共に楽しみ、身分間の交流が行われた。

　武士は基本的に家族と暮らした。庶民の家とは違って自分の家に井戸があり、小さな蔵もあった。萩や竹などで造った垣根があり、小さな庭園を造成したりもした。

　上流の武家では大部分の仕事を下人が行った。育児や裁縫は下女が行ったが、公的な住宅の管理はもちろん、料理、洗濯はすべて下級武士である男性の仕事だった。したがって上流武家の女性は、社交が主な仕事であった。

03 上流書院造の事例と特性

最上流書院造の故宅、成巽閣

　金沢の成巽閣は、285年間、加賀藩を統治した金沢城の前田家十三代斉泰が、江戸から帰った母のために1863年に建てた屋敷だ。

　敷地面積は約6600㎡に達し、大名家にふさわしい風格を備えた二階建て書院造だが、本来の建物は大部分壊され、一部だけが残っている。最上流の屋敷らしく部屋は広く装飾も華やかだ。一階は四つの区域に分けられている。

　一つ目は、公式の対面所である謁見の間だ。謁見の空間は、上段と下段それぞれ18畳あり、高さで位階を表わした。二つ目の区域は寝室などの私的空間で、両側に廊下があった。三つ目は居室で、謁見の間の向かいにあり、中間に廊下が造られている。四つ目は茶室である清香軒と清香書院で構成された区域だ。茶室は本宅に隣接し、前に小さな石庭がある。室内はいずれも武家屋敷としては最高レベルの装飾がされている。特に二階の〈群青の間〉は紫色や青色で塗られ、土壁で仕上げられた数寄屋風の内装が美しい。

千年の皇族寺院、仁和寺

　京都の仁和寺はもともと平安時代の建物で、真言宗御室派の総本山だ。

　光孝天皇の世である886年に着工し、宇多天皇の時代の888年に完了したが、宇多天皇が31才で譲位し、出家して日本最初の法

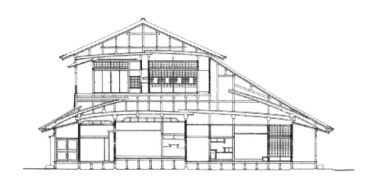

成巽閣
現在の建物の立面図

皇となり仁和寺に居住したために、〈御室御所〉と呼ばれるようになった。その後も歴代天皇の皇子が門跡（皇族の住持）の地位を継承したので、仁和寺は明治維新の前まで1000年もの間、皇族の寺院の筆頭として仏教宗派を統括し、勢力を拡張した。

仁和寺の回廊

しかし1464年に起こった応仁の乱で焼失し、約100年後に、徳川幕府三代将軍・家光（1604〜1651）が現在の姿に再建した。焼失と再建により建物の位置や平面など、多くの部分が変化した。

白書院、黒書院、寝殿で構成されるこの故宅の室内装飾は派手ではないが、部屋は襖絵ででやかに飾られ、品がある。部

庭園

屋はそれほど大きくないけれど天井が高く、金箔の装飾画が多い。廊下と回廊には欄干がついている。御殿の最も奥には仏壇を祀る離れがあり、回廊で連結されている。

仁和寺は国宝である金堂や、近世の五重塔の白眉とされる五重塔（1644年に再建）など多数の国宝や文化財を保有しており、世界文化遺産に登録されている。

大地主の書院造邸宅、伊藤邸

新潟の伊藤邸は、江戸中期以降、越後の大地主となった伊藤家の邸宅で、実際には1882年から8年かけて建てられたものではあるが、典型的な書院造だ。敷地約3万㎡、建坪約4000㎡に、65の部屋を備えた大邸宅で、2000年に国の有形文化財に登録された。現在は周辺のいくつかの施設を補強し、北方文化博物館として一般に開放している。

二階は収納、作業室、子供の遊び場などに使われたが、現在は先代の遺品を展示している。大広間の前にある大庭は、各地から運ばれた有名な石を蓮池の周辺に配した回遊式で、銀閣寺の庭園造成に携わった庭匠・田中泰阿弥が5年かけて造成した。母屋はコの字形で、中庭が設けられている。

最上級の回遊式庭園、清水園

新潟県新発田市にある清水園は、大名の下屋敷だった。それにふさわしく、敷地が計1万5200㎡に達し、他のどの庭園にも引けを取らない回遊式庭園を備えている。広く深い蓮池を中心に草亭と散歩道があり、散歩道には石や苔、うっそうとした樹木が配されている。

中国と違って日本の庭園は、大部分が一目で眺められる。清水園は庭園の要素があまり人為的ではなく、自然そのままを生かしている。

1598年、新発田の初代藩主である溝口秀勝（1548〜1610）が最初に居住し、以後三代の藩主が下屋敷として使用した。御殿は1666年4月に建立された。建物自体は素朴だが、書院造の初期様式がよく備わっており、室内のデザインも美しい。

伊藤邸入口
入口側の風景
茶室

清水園の庭園側から見た邸宅

庭園の茶室

名門家11代の故宅、野村家

　金沢の野村家の屋敷は、由緒正しい家の故宅で、1583年に加賀藩の初代藩主・前田利家（1538～1599）が金沢城に入城する際、臣下として従った野村家の先祖が築造した。

　野村家は1871（明治4）年の廃藩置県まで11代続いた名門だ。故宅の原形は大部分失われ、現在も一部が変更されているが、町中にある上流武家の伝統的な姿を知るためには重要な家だ。

故宅の規模は3000㎡で、２階の脇棟にある茶室では、茶を飲みながら庭園を眺められる。仏間も別にあり、部屋はすべて畳敷きだ。

野村家入口

玄関

門

書院造の伝統に忠実な近代建築、高橋是清邸

　伝統建築物や近代の建物数十棟を展示する江戸東京たてもの園に移築された高橋是清邸は、明治から昭和初期にかけて活躍した政治家・高橋是清（1854～1936）の邸宅だ（移築されたのは母屋のみ）。1902

年に建てられただけあって、伝統と近代的要素が共存しているが、室内空間の構造やデザインは書院造の様式に忠実だ。

　大きな玄関や、格調高い回遊式庭園もある（一部のみ復元）。外側の廊下の壁には近代式ガラスをつけるなど、実用的な空間構成が目につく。二階には書斎や寝室用の畳部屋が集まっており、玄関と廊下、階段、縁側を除いたすべての空間が畳敷きだ。

高橋是清邸の玄関

一階と二階の室内

04　書院造の伝統インテリア

　日本の木造住宅の資材のほとんどは、杉とヒノキだ。日本列島は温帯に属し、雨が多くて植物の成長が速い。さらに、火山岩と腐食した落ち葉が混ざってできた土も樹木が根を下ろしやすいので、杉やヒノキが育つのに適している。

　こうした自然の材料を建築に活用するのはどの国も同じだが、構造材や修理用の資材として建築空間に適用し表現する方式は国ごとに違う。

彩色を排除した美

　日本建築のすべての構造材は外に見えており、化粧材の役割も兼ねるのが一般的だ。とりわけ日本人は昔から白木が好きで木材の表面に彩色をしないことが多く、木目の美しさを重視した。

　近世以来、日本の伝統住宅は階層を問わず彩色をしないので、中国の四合院の軒のように派手な色彩は、まったく見られない。寺は部分的に彩色をしたけれど、明るくシンプルで、中国の寺よりもあっさりしている。神社だけは、中国の赤よりも明るい朱色を使った。

　この傾向は美術にも通じており、中世以降は派手な色彩を避けた美が主流になった。中世の僧侶であり歌人である吉田兼好（1283 ～1352）が人生の無常をテーマに著した『徒然草』も、そうした美意識と不均衡の美学が根底にある。

日本人は、木目はもちろん木の香りも好み、古くから建築素材として香りの良いヒノキをよく使った。木材を扱う技術にも優れ、部材を継いだり組んだりするやり方も精巧だった。

日本は長い間、さまざまな外来文化を受け入れながらも独自の美的特性を守り、芸術だけでなく住居の室内外のデザインにも反映させてきた。その代表的な事例である上流書院造は、あらゆる室内空間が集約され連結された独特の構造で、閉鎖的な壁で分離された部屋がほとんどなく、部屋には施錠装置もついていない。

1　空間構造と装飾

日本の夏の蒸し暑さは、世界で最も高温多湿だというアマゾンよりも耐え難いという。夏になると、暑中見舞いを送る習慣があるほどだ。そのため夏の湿気を調節し冬の冷気を和らげてくれる畳が使われるようになった。日本の冬は韓国よりは暖かいが、暖房なしに過ごすには寒い。

日本住宅の特徴の一つは部屋の床に板や畳を使うことで、特に畳は日本独特のものだ。

畳──日本家屋を象徴する床材

〈畳〉という漢字は〈重ねる〉という意味を持つ。元々はむしろやゴザを重ねて敷物として使用していたのが、平安時代初期にはそれを縫い合わせて使うようになった。すなわち、わらを何層にも積み重ねて麻糸でしっかり縫いつけ、その上にイグサで編んだゴザをかぶせ、黒・紺色・茶色・緑色などの布（絹類・麻布・木綿）で縁取りをしたのだ。

しかし、初めから畳を床材として使ったわけではない。日本も農耕社会の初期になると、穀物を貯蔵するための高床式倉庫を作るよ

うになった。これが日本の木造住宅の始まりだ。当時の床はすべて板敷きだった。やがて支配階級が座るためのものとして畳が作られ、身分の高さを示すものともなった。

　平安時代、畳は身分の高い人のための、特別なマットレスだった。畳の幅は寝られるぐらいの広さで、支柱を立て、板材や垂れ絹で寝所を囲ってプライバシーを保護した。1125年前後の『源氏物語絵巻』や、南北朝時代の『幕帰絵詞』（京都・西本願寺所蔵の絵巻）にも、畳が確認できる。

　日本家屋で部屋全体に畳を敷くようになったのは、それほど古い話ではない。畳が室内の床材として上流階級に広まったのは江戸時代以降と思われ、普通の民家にも普及したのは明治時代初期だ。

　普及するにつれ畳は質的にも向上し規格化された。大きさも多様化し、厚い畳と、その半分の厚みの畳に分かれ、身分が高くなるほど広く厚い畳を使用した。鎌倉時代を経て、室町時代後期には、相当数の上流邸宅に畳の部屋が造られた。すべての部屋全体に畳が敷かれるようになると、身分を示す別の方法が必要になった。そのため畳のへりに色や模様をつけ、身分に従って使用するよう規制した。江戸時代には将軍や大名の屋敷で対面儀礼のために広い部屋が使われ、畳は階級別の座席を指定する目印としても重要な役割を果たすようになった。

　江戸時代中期に建てられたかやぶき屋根の農家・綱島家（江戸東京たてもの園に移築）には、畳部屋が２つある。家全体の面積としては、広間と呼ばれる板の間の方がずっと多いところを見ると、畳が日本の庶民の住宅にまで定着するのは比較的遅く、近代になってからだと推定される。上流の屋敷の室内はほとんどが畳だったが、囲炉裏は、火を使って食事の準備をする空間でもあるため、板の間に

伊藤邸の囲炉裏と板の間

されることもあった。時代が進むと板の間はほとんど見られなくなり、畳に入れ替わった。畳部屋の仕切りには、軽い障子を使用した。

　部屋の大きさは畳の数によって決まる。一般的に2畳が約3.3㎡（1坪）ほどだ。書院造の平面の特性が空間の連続性にあるように、畳部屋も畳を連結して部屋の大きさを調節する。

　1畳の重さは17〜30kg、厚さは4.5〜6㎝で、重く厚みがあるほど高級品だ。形態は縦横の比率が2対1の長方形と、その半分である正方形の2種類がある。大きさは3尺×6尺（910㎜×1820㎜）が基本だが、部屋の大きさに合わせてあつらえる場合もあり、一定ではない。一般的に京間（本間）、中京間、江戸間（五八間）、団地間（五六間）の4種類がよく使われる。その他にも地方によってさまざまな規格がある。現在、日本では部屋の大きさを畳の数で表したりもする。

　畳部屋の装飾の特徴は、畳のへりの色と線が織りなす幾何学的な空間感だ。紺や黒の細かな模様のへりは、整然と安定感のある美しさを見せてくれる。

　畳部屋は障子で仕切るが、小さい部屋は規則的な面の分割が、大きい部屋は面の分割よりは広々した感じが強調される。障子の敷居は低く、畳と平行になる。大邸宅の場合、各部屋の障子を全部開けたり取り払ったりすれば一つの大きな空間に変わるが、これを〈統括空間〉と呼ぶことには一理ある。室内の空間が平面的に展開され、空間の水平的な広がりを感じさせるからだ。部屋を意味する〈間〉という言葉も、上下左右をつなぐという意味を持っている。

　このような空間的感性を支えるもう一つの要素が、室内の木柱だ。もしもどっしりと太い柱が天井を支えていたら、視覚的な空間の流れの妨げになるだろう。しかし、日本の構造材は一般的に厚み

畳の面分割と拡張が空間全体に続く兼六園の茶室（上、中）
伊藤邸の座敷

が目立たず、気づかないくらいだ。そのために、畳空間の拡張とつながりを追っていた視線は柱に向かずに開かれた障子を通して外の庭に延長、拡張される。

畳は世界的に珍しい床材だ。畳自体に独特の質感とクッション性があり、同じ規格で作られた畳が並ぶ部屋は完結の美を感じさせ、待機、受容の空間であることを連想させる。畳のへりは、境界を越えてはいけないという無言の圧力となり、やや気が重くなるようでもあるけれど。

畳は1つの単位でありモジュールだ。畳の本当の機能は部屋を規定することではなく、部屋を拡張し、全体空間との連携を常に保つことにある。

障子──採光と間仕切りのための戸

障子は軽いので開け閉めしても摩擦音が少なく静かだ。しかし一つの壁面をほぼ占めて視覚的に遮断するだけで防音機能はほとんどないから、部屋を出入りする際には西洋式のノックをする代わりに、人の気配を出す無言の礼儀が定着するようになった。

採光のために白い和紙を貼ったものを明かり障子という。採光は考慮せず、内外に厚い紙や布を重ね貼りした引き戸が襖で、部屋と部屋の間を仕切るために使われ、後に襖障子とも呼ばれるようになった。襖障子は絵がついているのが特徴だ。明かり障子は韓国とは逆に、障子紙を外側に貼る。明かり障子は日当たりの良い縁側との間に、襖障子は部屋と部屋の間に設置し、一番奥の私的空間や板の間には板戸をつけた。縁側がある外部の空間には、木製の雨戸をつけた。

襖絵は、江戸時代の将軍や大名が城の内部を装飾して誇示するために、襖に絵を描かせたのが始まりだ。当時、狩野永徳（1543～

1590）ら狩野派の画家たちは織田信長の安土城の装飾を任され、その後、伏見城や大坂城の装飾にも携わった。

　彼らの襖絵は、襖の機能によって題材や色を変えている。公式の接見の間である大広間の襖には中国の歴史に登場する賢人や政治家、四季の植物などを、華やかな金箔をバックにして大胆な色調で描き、私的な部屋の襖は主に樹木や淡い色彩の瞑想的な風景で飾った。このような城の室内装飾は、江戸時代の家屋にも影響を及ぼしたはずだ。

　襖障子には美しい文様の紙を貼ることもあった。成巽閣には障子はもちろんのこと、室内の壁にも優雅な紙が貼られている。明かり障子の腰板にも絵が描かれたが、魚やサザエなど海の生物がたくさん描かれているところからすると、中国皇室の天井に描かれた水生植物などの、防火のためのお守りになる絵柄が伝わったのだろう。

　仁和寺の室内にも多くの襖絵があり、壁、襖全体や腰板にさまざまな絵が描かれている。

　野村家の襖は、金地に梅や牡丹を白く描き、風雅な装飾効果を出している。しかし高橋是清邸の襖は紙が貼られているだけで、清水園の襖に至っては何の装飾もない。

　新潟の伊藤家は、博物館にする際に襖をすべて取り外してしまったので襖絵を見ることはできないが、壁にかかっている絵や床の間の壁に残っている装飾などからすると、素朴な襖絵も華やかな襖絵もあっただろうと思われる。

　全般的に書院造の襖絵は、抑制のきいた装飾や色彩が使われている。これは、日本の代表的建築家・黒川紀章が、日本を象徴する色は灰色だと言ったことに相通ずる。灰色は黒と白の中間の無彩色であり、色々な原色が混ざった複雑で微妙な色で、曖昧模糊とした感じが、日本人の曖昧な重層的性格に合っているというのだ。哲学者

成巽閣　謁見の間の欄間
仁和寺の欄間

九鬼周造も、日本人の好む粋な色として灰色、茶色、そして青系統の色を挙げている。

　書院造の明かり障子の格子は、成巽閣や仁和寺のように、どれも水平な格子形だ。野村家や伊藤邸のように変形の障子を使った例もあるが、基本の格子形を大きく外れることはない。明かり障子の上部は、多様な透かし彫りの装飾や、幾何学模様の格子などがつけられた。

　伝統住宅には、主人と大切な客が出入りするための出入り口として、表玄関を設けた。

欄間、日本固有の装飾

　日本独特のインテリアである欄間の装飾は、とても興味深い。欄間は鴨居と天井の間に一定の高さで取り付けられる。

　中国の格扇門の上部は窓や板で塞がれており、韓国は引き戸の上をたいてい壁にするが、日本は大きな畳部屋が連続している場合、この部分に欄間や開閉できる小さな窓をつけた。蒸し暑い夏に風通しを良くするためだ。

　欄間にはいろいろな種類がある。板材の一部を欄間で飾ってその上は開放したり、欄間全体に透かし彫りを施して風が通るようにしたりした。

　書院造では、板材に透かし彫りをした欄間が多い。仁和寺は閉鎖的な欄間を設置した部屋が多いが、黒書院寝殿の欄間は下の方の一部だけ格子をつけ、上部は開放した。

　成巽閣の謁見の間の欄間は椿や梅、鳥を題材に彩色をした、見事な彫刻を施されており、大名屋敷における内装の粋(すい)を示している。野村家の欄間は山水風景を、高橋是清邸は鶴などの動物を透かし彫りで表現している。

成巽閣の花頭窓
野村家の仏壇横の明かり取り
清水園の明かり取り

明かり取り、採光と装飾の二重効果

　室内の明かり取りは、形を工夫して装飾効果を狙うこともある。室内の壁や、縁側に面した明かり取り、欄間につける小さな明かり取りなどがそれだ。

　大名の別邸である成巽閣には美しい明かり取りが多い。円形窓や、上部がカーブしている花頭窓が室内装飾の中心になり、他の装飾ともよく調和している。

　野村家は床の間と仏壇の横に同じ形の明かり取りがある。高橋是清邸は障子に明かり取りをつけたり、障子の上部や、部屋と部屋の間の壁に格子をつけた明かり取りを設置したりして、機能と装飾を調和させた。障子の上部につけた小さい窓は目につきにくいものの、さまざまな形をしており、やはり装飾効果を狙ったものらしい。

　明かり障子の直線や幾何学的な形を除けば、室内にある窓の装飾は動植物をテーマにしている。日本人はもともと自然、とりわけ植物を好むことで知られた。『源氏物語』に登場する女性たちの名前も植物から採られたものだし、皇室の象徴は菊、政府の紋章も桐の花だ。『万葉集』にも157種の植物が登場し、花やつぼみ、葉、茎、新芽などに至るまで詩歌に詠まれた。こうしたことが、日本人が自然に対して親しみを持つようになった背景にあると思われる。

2　家具の種類と特性

　日本の伝統家具は韓国や中国のように多様に発展しておらず、デザインも単純だ。おそらく地震が多いからだろう。そのため、より安全な押し入れが発達した。

　日本も韓国と同じく座式生活だったが、食卓は小さく、上流層も

脚つきの小さな個人用の食卓を使用した。庶民層は囲炉裏を囲んで座り、それぞれ木の箱から出した個人用の器に料理を盛って食べた。現在のようなちゃぶ台が使われるようになったのは、近代以降だ。

　日本の伝統家具の大部分は、丸い蝶番や取っ手のついた、単純な形のひつやたんすだ。伊藤家の場合、博物館に保管されている家具も、近代に作られたらしい小さな机や座卓を除けば、ほとんどが収納用だ。

　愛知県常滑市で展示されている回船問屋瀧田家の伝統家具も、機能的な引き出し式たんすと重く背の低いひつが大部分で、背の高いたんすは押し入れと連結されている。こうした家具は重要な物品を収納するだけで装飾の機能はなく、人目につかない場所に置かれた。

伊藤邸の小型螺鈿たんす

3　インテリアの核心、床の間と障壁画

床の間、日本家屋の象徴

床の間は、装飾を兼ねた造りつけの収納空間だ。

　書院造が形成された背景に、武家社会の格式と威厳を示す接客儀式があるということは前に述べた。その儀式を行う空間が座敷であり、その中心は床の間だった。日本の著名な建築学者・太田博太郎は床の間は日本家屋の象徴であると規定し、伝統家屋は客のための家だと述べた。

　座敷を通して茶道が発展し数寄屋風の茶室も生まれたが、床の間のある座敷は、書院造の空間の中で位階が最も高かった。床の間の位置を起点として武士階級の席順が定められたためだ。接客をする時も、一番偉い人が床の間を背にして座り、次に座る位置や順番は序列順に指定された。

　書院造の広間では床の間側が上座、その反対側が下座であり、江戸時代以前の大名屋敷や城郭の御殿では上段と下段、あるいは上中下段に区分し、上段は大名など主人が使った。このように、床の間の有無は、武家社会で部屋の序列を規定する指標だった。

　床の間は明治時代になるといっそう普及し、一般住宅にも造られるようになった。床の間のある座敷が客間になると、大切な客は上座に座らせた。このような意識は今も続いている。

　美術史学者の岡倉天心は、日本文化が〈儀状化志向的〉であると指摘しつつ、一例として茶道を「俗世の日常の中にある美を崇拝する一種の儀式」と定義した。イ・サンオプ（日本文化研究所顧問）も『日本文化を育んだ33の心』の中で「1つの行為に茶道や生け花の理論と同じ虚構が介入して日常レベルの行為が芸術に昇華される。これだけでなく、生活の中で多様な虚構を楽しむことが日本文化の

床脇の違い棚と袋戸棚
高橋是清邸の床の間

特質であり、日本人の変わらない傾向である」と明言した。とりわけ、このように厳格な制度的儀状化の生産者が武士だったという事実も明らかにした。

　このような意味で、床の間は、武家の主要儀式である接客の求心点として、インテリアの儀状化の見本だと言えるのだ。

　〈床〉は〈ゆか〉を意味し、床の間は寺に由来する。すなわち、仏画をかける空間の神聖さを強調するために、部屋の床(ゆか)よりも高い押板を設置した空間が、床の間の起源だ。

　このように、最初は宗教的な意味を持つ空間だったが、室町時代に差しかかると禅宗文化の影響で、俗家の客間にも絵画装飾が流行して寺の押板まで設置するようになり、その空間を床の間と呼ぶようになった。

　床の間の壁には絵をかけ、床框の上には外国から入ってきた陶磁器などの装飾品を置いた。やがて床の間の横の空間にも棚を設置し、貴重な装飾品や骨董品を並べて鑑賞するようになった。棚の上段や下段には小さな袋戸棚を造って物を保管した。この空間を床脇と呼び、床脇棚と袋戸棚で構成される。

　床脇棚には序列を象徴する違い棚が主に造られ、好みによって他の棚もつけた。棚の上に陶磁器や装飾品などを並べるようになると、貴重な装飾品は棚に置き、床框には香炉や花瓶だけを置くようになった。生け花はそれ以前よりあったが、床の間の装飾要素とされることにより、日本独自の装飾芸術として発展した。

　書院造の床の間の側面（床脇の反対側）には、日当たりの良い廊下に明かり障子をつけ、その窓に造りつけの机を設けて本を読めるようにした。この書斎用の空間を付書院という。しかし書斎としての機能は徐々に衰退し、ただ採光のための場所になった。

　帳台構えは、付書院の向かい側に配置した、寝室の襖だ。襖の4

成巽閣の1、2階にある部屋（上）
床の間と床脇、付書院などの実際の様子がうかがえる
2階の〈群青の間〉（下）

面に絵を描き、枠は漆や飾り金具で装飾した。普通の襖は楽に開け閉めできるが、帳台構えは身の安全と貴重品の収納のために敷居を床より少し高くし、鴨居を低くして内側に錠がかかるようにした。もともと敷居は寝室の床（ゆか）に敷いた藁が突き出るのを防ぐ装置だったが、後には、このような形の入口を広間の装飾に活用した。これら４つの要素が書院造のデザインとして定型化された。

　床の間が武家全体に波及してデザイン性まで論じられるようになると、床の間を真、行、草の３等級に区分するようになった。真は大書院（おおじょいん）などの上段の書院や飾り棚を備えた華やかな床の間を、行は小書院（こじょいん）のように清麗な趣のある床の間を、草は簡素な茶室の床の間を指すようになった。真・行・草はさらに真の真・行・草、行の真・行・草、草の真・行・草に細分化された。中で最も厳格な格式を備えた床の間である〈真の真〉には、主に大書院や宮中の客殿に造られた床の間が選ばれた。当初は神聖な空間であった床の間が、世俗的な空間に変わってしまったのだ。このような床の間は、書院造の主要な空間装飾として定着した。

　中国系アメリカ人の地理学者イーフー・トゥアン（段義孚）は「ある空間に完全になじんだ時、その空間は場所になる。……開放空間には既存の人間的意味が固着化して現れるパターンがない。すなわち、開放空間は意味付けできる白紙のようなものだ。開放空間では場所を強く認識するようになる」と述べた。

　床の間も、装飾用の開放空間として現代にまで受け継がれることにより、日本人にとっては接客場所であると共にその家を象徴する空間として定着した。

障壁画──間仕切りと絵画のコンビネーション
　障壁画は日本の城や寺、あるいは上流層の大規模な邸宅の間仕切

りに使用する襖障子や造りつけの壁に描いた装飾だ。

　室内空間を必要に応じて仕切る日本の住居構造と絵画が組み合わされてできたもので、大きな画面に描くから装飾効果は確実で強烈だ。ヨーロッパの宮殿の室内壁画に比べるとずっと小さいけれど、背景装飾だという点では似ている。

　障壁画は武士たちが豪華な城と邸宅を建て、対面儀礼を確立させる時期に、上段の間や座敷を絵で装飾したことから始まった。床の間の壁面全体に絵を描く場合もあり、絵師たちは障壁画を自身の美術世界を表現する場として活用した。

　桃山時代には、将軍の英雄的な面を強調するため壮大で豪華な画風を追求し、一方では庶民の生活を重視して風俗画や花鳥画が流行した。小さな絵を個別に描く襖絵とは違い、障壁画はたいてい同じテーマの絵が何枚もの襖に連続している。

　当時は金銀が豊富に産出されたし、室内を明るくする効果もあるので、金箔、銀箔、金泥、銀泥を使用した、きらびやかな障壁画が流行った。また、明るく華麗な色彩を厚く塗る特殊な技法を使ったり、強いタッチに金泥を混ぜた渲染（せんせん）の水墨画技法を駆使したりした。

　障壁画は、主に 16 ～ 17 世紀の桃山時代と江戸時代に盛んに描かれたが、江戸幕府初代将軍徳川家康の威容と権威を表す絵が多く、流派としては狩野派が代表的だ。

　書院造の障壁画様式を完成させた狩野派は 15 ～ 19 世紀に日本画壇を席捲した。7 代にわたり 200 年以上もの間、日本美術界を主導する絵師を輩出し、その後も数世紀の間、日本画壇を牽引した。将軍家に仕えた狩野派の高尚で道徳的な象徴主義は、当代の政治の理想を表わすものでもあった。狩野派を創始したのは侍出身の素人画家だった狩野景信だが、始祖として公認されたのは、息子の狩野正

信だ。

　狩野派が登場した当時は中国の文物が流行っていたものの、日本の水墨画も既に長い歴史を持っていた。そのため狩野派の画風は、主題や水墨画の技法は中国風でも表現は日本風で、大和絵の色彩と水墨画の構成を組み合わせた格調高いものだった。大胆なタッチや細い輪郭線は、中国宋代の様式とは明らかに異なる。

　狩野派の絵師たちは、徳川家の支援の下で工房組織を中心に室内装飾はもちろん、家具など支配階級の住居装飾全般を担当し、武士の地位と世襲の恩給を受けた。彼ら以外にも智積院の障壁画を描いた長谷川等伯、建仁寺の障壁画を描いた海北友松も有名だ。その後に登場した狩野探幽の絵は、お手本として模倣されたりもした。新しい時代の庶民生活を題材に採り入れ、花鳥を淡彩でスケッチするなど変化を試みた彼の作品は、時代を反映していると言えるだろう。

　このような障壁画の発展は、屏風とも関わっている。平安時代の宮殿に関する資料を見ると、上座に長い屏風が立てられていて、後の障壁画とも関連がありそうだ。今に伝わる上流層の屏風にも、同じ主題の絵をつないで一枚の長い屏風にした〈障屏画〉が多いことは、こうしたスタイルが好まれていたことの立証となるだろう。

　障壁画の色調は、金銀を除けば全般的にほのかな淡彩に合う中間色で、落ち着いた感じだ。華やかさを求めるのではなく、空間を使う人の身分にふさわしいインテリアにするためだ。

　将軍や大名の城の障壁画の題材としては、武士の勇猛さを象徴する虎や松、真冬の寒さに打ち勝つ強さを象徴する梅などが主流をなす。当時は、最上流層を除いては障壁画で室内を飾ることはあまりなかった。当代の有名絵師やその一派の作品で室内を飾るのは、経済的にも身分という点でも容易ではなかったから、書院造の障壁画

上から仁和寺、大覚寺、野村家の襖絵

は一部の階級に限られた装飾文化だと言える。

現存する障壁画も、城や一部の大名屋敷、有名寺院などのものだ。京都の仁和寺には、松を柔らかなタッチで描写した襖の障壁画が保存されている。

皇室とつながりのある京都の大覚寺には、独特な色感の樹木や花の絵の障壁画があり、襖には図案化された竹が描かれている。

名古屋城の障壁画は、1634年に増築した御殿に描かれている。当時は、襖はもちろん天井まですべて障壁画があったけれど、ほとんど焼失して一部が残った。現在展示されているのは4幅の大きな障壁画で、当時の風景が描かれており、優しい色合いは現代的な感じが漂う。

野村家の客間には襖障子に牡丹を描いた障壁画があるが、花が白く塗られており、本来の華やかなイメージとは違って素朴で品が良い。もともと牡丹は富貴を象徴し、中国の国花でもあって、洛陽から伝来したそうだ。牡丹は、韓国や日本はもとより全世界で好まれており、今日でも織物や壁紙の模様に広く使われる。白よりは絹のように滑らかで光沢のある赤紫色が多く、花房が大きくて葉が生き生きと華やかなので豊かに見える。

野村家の襖では、そんな牡丹の花にあえて白い色を塗り、地は畳の色と統一感のあるベージュにして、独特な雰囲気を出している。葉と茎は、少しくすんだ薄緑色だ。牡丹の白は、その横の明かり障子の紙の白につながり、絶妙に調和している。この障壁画は、絵を柔らかい背景として、空間と一体化させることを意図したものだろう。牡丹の華やかな色を拒むことで、障壁画というよりは、優雅で気品ある襖絵として注目を引く。

4　間仕切り

屏風──上流家屋の間仕切りを兼ねた装飾

　日本の居住空間の区画体系は、平安時代まできちんと整っておらず、ただ寝殿だけを几帳、屏風、障子などで簡単に隠す程度だった。そのため、中国から伝来した屏風がとても役立ったらしい。

　江戸時代にも、屏風は襖障子と同じく室内の仕切りを兼ねた装飾品として、絵師たちが好んで絵を描いた。しかし、庶民も屏風を日用品とした韓国とは違い、日本の伝統社会において屏風は、一般庶民には手が届かないものだった。

　屏風は本来、どんな空間にも使える、視覚的遮断と装飾のためのものだが、日本の屏風絵（あるいは刺繍）の題材は風景や花鳥、人物など多様だ。上流層の生活を描いたり、有名書家の字が書かれたりもした。

　建築家の加倉井昭夫は著書『日本の室内の空間』で、「子どもの時を回想してみると、衝立や屏風、障子などが部屋を区切り、目隠しになっていたが、防風や保温の役割も果たしながら、飾り気のない日本の室内空間に色彩を添えていた」と回顧している。

　東京国立博物館で見られる屏風は、全般的に落ち着きのある、こざっぱりとした淡墨や淡彩で描かれている。屏風を機能に合わせて区分し、婚礼には明るく華やかな花の刺繍の屏風を、内房には花鳥図の屏風を置くなど、明白に区別して使用した韓国とは大きく違う。一例として、機知に富んだ構図と貴族的な構成で名高い江戸時代の画家・尾形光琳（1658〜1716）の『燕子花図』は、緑色の葉が少し目立つだけだ。『紅白梅図』もやはり、紅白の梅の花は小さくさりげなく描かれるだけで、暗緑色の木とその横の黒い流水が中心となっており、落ち着きが感じられる。

光琳の〈燕子花図〉（上）と〈紅白梅図〉（下）の屏風

一般的に日本絵画は装飾的・視覚的な特性を持ち、美術というより工芸に近いようだ。

　日本美術史学会の代表学者である辻惟雄は『日本美術の見方』で「日本装飾の様式的特徴は、絵画の側から見ると工芸的であり、工芸側で見ると絵画的に思われる二面性だ。これは、自然の物から周辺の生活用具に至るまで大胆に装飾化しながらも、写実的手法よりもはるかに真に迫った生命感を表現することのできる才能から来ている」と説明した。

　また、日本民俗学の創始者・柳田国男は、日本人の色彩観について、「色が乏しかったというより、あえて多彩な色を使おうとしなかった形跡がうかがえる。……日本人は決して色彩の多様性を知らなかったのではない。むしろ、これがわかればあまりにも胸に染みるために、鮮やかな色を避けた時代があった」とし、「自然に存在する多彩な色を聖域とし、世俗の日常的な色として使わなかった」という、やや曖昧な解釈を付け加えている。

　日本人は、昔から白を不吉な色と考え、祭りや喪服に使用してきた。白は目につく、きれいではっきりした色だからだという。歴史的に続いてきた〈ハレとケ〉の区分を、色彩にも適用していたのだ。すなわち、身分の序列に対する尊重と受容の情緒が、空間の配置や装飾の色彩にもつながったものと思われる。

衝立障子──小型パーティション

　衝立（衝立障子の略）は、板でできた小さく低い間仕切りだ。できたのは襖障子よりも先で、むしろ衝立から襖障子が開発された。中国から初めて伝来した屏風も、一枚の、衝立のような形だったそうだ。この屏風が進化し、平安時代末期に襖障子や明かり障子に発展した。

伊藤邸の衝立

三井家の衝立

仁和寺の衝立

それ以後、衝立は視覚を遮断したり誘導したりするためのパーティションの機能が加えられ、屏風とは区別された。衝立は屏風のようにいくつもの面を連結させたり、小さい板を下段の支えにして立てたりしておく一種のパーティションで、主に玄関口や座敷などに立てられた。

　日本の室内空間に置く衝立は、インテリアというより、進入禁止を表す強力な標識のように感じられもする。空間に入ろうとする人に対して内部規範の存在を知らせて注意を促す役目をし、心理的な緊張を誘発するのだろう。

05　書院造の伝統インテリアに見る日本人の美意識

　書院造の空間構成は、武士のタテ社会と密接につながっており、中国や韓国とは明らかに異なっている。特に空間装飾においては、中国は身分を誇示するための装飾や家族中心の装飾が主流を成しているが、日本は武家の序列や武士道が絶対的な影響を及ぼした。そのため書院造のインテリアの核心である床の間が、実は〈他者のための空間〉だった点は、興味深い。

　この制約にもかかわらず、書院造の伝統インテリアの要素は日本特有の複合的で曖昧な空間概念と、抑制のきいた、繊細な美意識を示している。代表的な要素としては、柱と畳、窓や戸の直線的交差と空間分割が演出する造形性、床の間の厳格な階級性とその意匠化、そして床の間のある装飾空間の拡張や強化の意味を持つ襖絵や障壁画などが挙げられる。それ以外に、機能と装飾を兼ねた補助要素として、欄間や明かり取り、白い障子などがある。

節制と観照の美意識

　日本文化の特性である〈節制、倹約、縮約〉はインテリアにもそのまま表れる。すなわち、機能と形態を統合して全体の大きさを縮小し、装飾的要素を最小化させて単純なモジュールを反復するのだ。

　書院造の伝統インテリアも、装飾を排除または抑制して自然のままの材質や色を生かし、色も無彩色を選んだし、門や窓にも幾何学

的秩序を付与した。直線の屋根や軒の鋭い角と四角い柱なども抑制が効き、緊張感がある。

畳や木材などもすべて本来の材質と色を生かし、彩色をしなかった。このように色を加えず自然の材料で造られた日本家屋の外観や柱は、一見、韓国と似ているようでも、線や面に違いがある。日本住宅の巨大な屋根を支えているいくつもの細い柱や、外から見える青白い障子は、一見すると冷たい感じすらする。

細い柱や畳の幾何学的な連続性と、白い障子が演出する深遠な空間を表現することは難しい。手入れの行き届いた庭も相まって造り出す淡い情景の前では言葉を失うが、その静寂な雰囲気は、決して単に平安なだけではない。

松岡正剛は著書『日本という方法』で、日本人特有の感性の一つとして〈うつろい〉を挙げた。変化、変異を意味する〈うつろい〉は〈うつ〉の派生語だ。〈うつ〉とは内部が空っぽの球や、無の状態で、陰を意味する。これに相反する、有であり陽である現実は、〈うつつ〉という。時が来れば〈うつ〉から〈うつろい〉が生成され、〈うつろい〉を追っているうちに、いつか〈うつつ〉となる。要約すると、非現実の〈うつ〉は、〈うつろい〉を経て現実の〈うつつ〉に変わる。

このように、〈うつろい〉は何もないように見えたところから何かが誕生することであり、無常を感じることで、むしろ何かが移行し始めることだ。無常にはこのように創造的な視点が含まれているから、陰は陽を創出する可能性を持っている。そのプロセスが、〈うつろい〉だという。

これに関して岡倉天心は、「あえて仕上げて完成させず、想像力で補完する」とも言った。たとえば、水を感じるために水を除外した枯山水がそうだ。そのように我々は〈うつ〉と〈うつつ〉を結

ぶ、〈うつろい〉の世界に生きているのだという。

　森羅万象は無常だという〈うつろい〉の感覚は、哲学や思想、芸術、文学などのテーマおよび表現手法として根づいた。日本人はこの微妙で寂莫とした、今にも消えそうな感覚を重んじ、『万葉集』のような詩歌や能、水墨画、枯山水、わび（簡素で物静かな趣）、さび（趣がある精錬された閑寂）など広い領域に生かした。光と影の微妙な変化を楽しみ、そのための室内空間を造り、〈淡い〉という表現も作り出した。障子や簾や格子が作り出すかすかな光の変化は、日本の代表的美意識の一つとなっている。

〈粋〉という美意識

　こうした日本文化の深遠な曖昧さを、多くの学者が〈重層性〉と呼んだ。黒川紀章は、中間色である〈灰色〉こそが、日本を象徴する色だと言った。すなわち、黒と白の間の中間色であり、いくつもの原色を混ぜた複雑で微妙な無彩色で、曖昧模糊とした特性を持つ灰色が、日本人の重層的性向に合致するというのだ。九鬼周造も、粋な色として灰色、茶色、青系統の色を挙げた。

　〈粋〉は日本特有の美意識の一つだ。それは徳川幕府末期の江戸において町人階級の間に芽生えて遊郭文化を中心に発達し、当代の文化的理念として定着した。

　〈粋〉が近代になって注目されたのは、ハイデッガーに師事した九鬼周造が『いきの構造』で、粋を糸口に日本哲学を再構成しようとしたことがきっかけだ。彼は日本の美意識の基本構造を〈粋〉に求め、その精神的な構成要素として〈媚態、諦め、意気地〉を挙げた。媚態は性に関した畏敬の意味を持ち、諦めは道家や墨家的思想の無の哲学を含み、意気地は武士道の精神を意味する。

　九鬼はこの３つを論じつつ、〈緊張〉という媒介的な要素を強調

する。すなわち、粋は日本人らしさの反映で、最も高い美しさではなく、その一段階下に落ちようとする垂直的緊張感がまさに〈粋の美学〉であるという。このような観点から、日本人に見られる〈緊張〉は、美的価値観の表われであるとした。

　以後、粋は日本論の核心概念として使われ、日本文化や日本人の精神構造を理解するための関門とみなされている。単純な美を志向することなどは、〈わび、さび〉といった伝統的美意識とも共通しているが、無常などの宗教的観念に深く関係している〈わび、さび〉が難解に感じられるのに対し、粋という概念はなじみやすく、現在までも日常的に使われている。

格式と完璧主義の緊張美

　書院造のインテリアの構造美は柱と畳、障子などの直線と面が交差してかもし出す幾何学的な構成に表われる。この構成方式は、基本単位である畳が連続して部屋となり、さらにそれがまた連続して家という空間を形成するという規則に従っている。つまり、全体平面を決めた後に空間を区切るのではなく、部屋を連結していった結果として、拡張された平面が形成される。

　だが結果として、一畳の畳から全部の畳にまで続く幾何学的な造形、明かり障子の格子の交差による面分割、襖障子の立面分割などは、線と面の独特な造形性を創出する。直線と直線の間の秩序は、完璧さを追及するので、畳の大きさは部屋の大きさと完全に一致していなければならない。

　このように完璧を追求する繊細な美感と厳格な格式は、日本の絵画や陶磁器、伝統織物の模様にも共通している。たとえば茶室は素朴な建物だが、茶会は今も必ず着物を着て、格式を守らなければならない。

次に顕著な特性は位階性と機能性で、代表的なものが床の間だ。床の間のある部屋は家の中心であり、最も高い位階を象徴する。床の間は、柱や貫木の選択や装飾品の置き場所に気を配った立体的な装飾空間で、その適切な空間分離や整然としたデザインには、独特の複合文化的な雰囲気が漂う。

　床の間と共に書院造インテリアの核心を成す障壁画は、上流の書院造にしか見られないが、美と機能を併せ持った最高のインテリアで、掛け軸の代わりに床の間の壁や側面の襖に絵を描き、背景装飾としての効果を高めたものだ。身分を誇示し威厳を保つための象徴的な装飾でもあり、絵師たちの表現の場でもあった。しかし、床の間の土壁や外皮がついたままの木材を美しいとする美意識と、障壁画の高級な雰囲気は、相反する面もある。

　一般的に日本文化は二つのパターンに分けられる。辻惟雄はこれを〈飾る系〉の文化と〈反・飾る系〉文化と呼んだ。松岡正剛はプラスとマイナスだと名づけ、マイナスの例として黒い漆で塗った素朴な雰囲気の銀閣寺を、プラスの例として華やかな金箔を施した金閣寺を挙げた。

　この比喩を書院造のインテリアに適用すると、障壁画と床の間は〈飾る系〉で、プラスだ。池に建てたあずまやの土壁と小さな戸、飾り棚のない素朴な床脇は〈反・飾る系〉で、マイナスに該当する。

　装飾や人為性と対比される自然志向は、文化圏ごとに差があるが、日本人は自然を人為的に造り、書院造のすぐ前に配置した。このような日本人の自然観には、象徴的な枯山水のように深遠な哲学が内在しているが、一方ではすぐに散ってしまう桜の花の無常さに美を見出す、〈粋の美学〉特有のペーソスも共存する。

　このような二面的・重層的特性について、イ・サンオプは日本文

166

化の〈アンビバランス（矛盾同居性）〉を指摘し、アメリカ『タイム』誌の記事中の「……（日本文化の）ロゴスとペーソスの自然な共生、残酷なまでの意匠化体質……」に共感している。

　書院造インテリアの特性は、人間本来の感性を内包しながらも、それを抑制し縮約して表現する、倹約の表現美であると要約できる。もちろんそこに内在する力は自然と連携していたり同化していたりするが、美的要素の一つ一つには厳密な規則性が存在している。規則にはいつも意味や象徴が加えられて維持されるが、そのような要素とイメージは、他の要素が生まれるたびに重なる。これも学者たちが指摘する日本文化の〈重層性〉に起因する。

　このように日本文化は、長期間統治した武家の文化と密接に関わっているが、日本人は武家の階級社会の秩序の中で自らを抑制し、受容と従順を、超然とした繊細な感性に昇華させた。

　その根底には、自然に共感しつつも完全に同化されないよう一定の距離を保つ、禅の観照態度がある。抑制のきいた繊細な美意識は、書院造の重層的インテリアがかもし出す３次元的空間の緊張美と相まって、美的完璧主義を謳歌している。

4 空と疎通の〈ヒューマンスケール〉、班家韓屋

01 班家韓屋の構成原理と背景

　班家とは、朝鮮時代の両班の家門または彼らが住んだ韓屋（伝統家屋）をいう。韓屋は韓国の自然環境、思想、文化などが長い歳月の中で一つになって形成された共通の住居形式が朝鮮時代に定型化したもので、韓国人の生活方式が溶け込んで完成した家だ。

　韓国の伝統住宅を初めて体系的に整理した『韓国住宅建築』の著者チュ・ナムチョルを始め、ほとんどの学者は韓屋を上流住宅、庶民住宅の２つに分けた。朝鮮時代の上流住宅としての韓屋は、配置と平面において一般民家と違う点が少なくない。

　両班とは、多くの社会文化的要素によって得られる複合的な地位だ。したがって、班家という呼び方は住宅というより、身分上の家門を指すことが多い。だが、身分は両班でも庶民的な家に住むケースも少なくなかったため、本章では、上流住宅の規模を持つ韓屋を〈班家韓屋〉と呼ぶことにする。

　韓屋が形成された背景としては四季がはっきりした気候と、スケールは大きくなくとも変化の激しい自然環境、儒教・仏教・道教思想や陰陽五行と風水思想、そして画一的なものを嫌う韓国人の相対主義的な混成気質などが挙げられる。

　韓国は老年期の山岳が多い。そのため宅地を選ぶ時も背後に山、前に川がある、背山臨水の地形を好んだ。地形に対する関心が高く、環境的な要素と有機体的自然観の影響を受けた風水思想や陰陽五行思想が根づき、宅地が吉凶禍福を支配すると信じられた。

また自然環境は住居の形態にも影響を及ぼした。韓屋の屋根の線と軒は、山のなだらかな稜線のように自然な曲線だ。住居の構造も山勢に逆らわない、平屋建ての安定した水平構成であった。住居の規模や配置も地形に従い、景観と調和させて、過剰も不足もない生活背景に調和するようにした。

閉鎖的オンドルと開放的マルの結合

伝統韓屋は世界で唯一、同じ居住空間内にオンドルとマル（板の間）がある。寒い冬に備えるため、オンドルの煙道を熱して室内を保温する暖房が造られた。また、通風のために地面から床を離して設置したマルは、前後に開いた窓戸（窓や戸）から風が入り、蒸し暑さを軽減してくれる。すなわち、韓屋はマルの開放性とオンドル部屋の閉鎖性を併せ持つ。このように相反する構造が共存しているのは驚くべきことで、これは長年の間に北方文化と南方文化が結びついてできたものだ。

住居には礎石や基壇などに石材も使ったが、主な資材としては松を使った。韓屋は、釘を使用しない韓国独特の工法で造られた、優れた工芸美術だ。

儒教秩序と平面配置

朝鮮王朝の国是である朱子学は両班が率先して導入し、徐々に家族制度や生活にまで波及した。班家韓屋の男女別の空間配置は、朝鮮中期以降に確立して後期に定着した。これについてイム・ソクチェは、朝鮮時代の韓屋は集団的価値観が芸術として具現した建築で、共通の建築様式がそれぞれの階級、属性、機能、家庭事情に合わせて適用されたものだと指摘した。

班家韓屋は、男性の領域である舎廊棟、女性の領域である母屋、

そして祖先の位牌を祀る祠堂棟（サダンチェ）の３領域に分けられた。韓屋の配置の特性と空間構成は、儒教思想の秩序意識を反映したものだ。

　このように韓屋は儒教、仏教、道教の影響を受けた３カ国の住居のうち、最も変化が多く、互いに矛盾する儒教と道教を統合した唯一の例で、韓国人特有の混成気質が発揮されている。韓国に定着した生活文化の原型は、朝鮮後期にある。朝鮮前期に朱子学を強制的に導入し、取捨選択の過程を経て受容した生活様式は、すべての面で韓国人固有の文化として定着した。部屋やマル、窓戸や家具などの大きさや形は機能的であり、情緒的な人間工学的ヒューマンスケールとなった。中でも班家韓屋は、家族の理想的な暮らしの形を実現しようという意図が盛り込まれ、韓国人の空間文化とインテリア芸術を表現している。

循環と疎通の空間

　韓屋の構成原理は循環と疎通だ。各棟は自然に動線を誘導しながら続き、各棟の中庭は、循環の方向と個別空間の存在に気づかせてくれる。空間の循環は配置と平面はもちろんのこと、窓戸の持つ垂直構造にも表れている。それは中国の四合院のような動線の一律的な流れではなく、日本の書院造の指示的な動線とも違う。韓屋内部な家族の序列を尊重しつつも機能的で自然だ。

　韓屋は部屋と部屋、マルと部屋、大庁（テチョン）（家屋の中央にある広いマル）から部屋への動線が自然だ。適当に通じていたり、閉じられていたりするし、自由に開閉できる。

内と外、上と下、位階と造形

　韓屋の空間は、中国や日本と同じく、内と外の境界がはっきりしている。内部の建物は、その時々の必要に応じて行廊棟（ヘンナンチェ）にしたり、

室内外の有機的連結を示す永川の崇烈堂（上）と安東の臨清閣

離れにしたりもする。しかし、中国や日本の大邸宅のように庭園や花園を家の中に造りはしなかった。植栽も徹底して区分し、陽宅の生活に害になる〈気〉を排除した。

このような内と外、上と下で構成された班家韓屋は、棟の曲がりと連結が重なり、舎廊棟では楼マル（高楼の板の間）が、母屋では大庁が最も高い屋根を持ち、全体の造形に変化をもたらしている。棟と棟の間には、大小いくつもの門と塀があって、空間の情緒的な変化と深みが味わえる。

多様な配置と平面的な個性

韓屋は地勢と調和する自然な非対称的構成となっている。建物の配置は、左右対称でない非定型的配置を基本とした。同じ平面でも対称的な構成をせず、部屋の配置も、大庁を間に置くなど、独立性を持つようにした。

班家韓屋の定型は、朝鮮時代後期に完成した。朝鮮時代初期は、中国古代を模範とし、宮殿の寝廟制度を理想的な古制と認めて、四合院のように中央の軸を中心に空間を配置しようとした。そのため、班家韓屋も祭祀などを執り行う母屋を、３間の大庁を中心に左右対称に配置することを基本に、男は左、女は右という原則に従って大庁の東側に男の空間である舎廊房、西側に内房（主婦の居室）や台所を配置しようとした。しかしやがてこの規範は消え、朝鮮後期には社会的な変動と共に、班家でもさまざまな平面が現れた。

結果的に班家韓屋は、規模や地域により、Ｌ字形、コの字形、ロの字形など多様な構成を取った。必要に応じて一の字形の平面に棟を連結させて庭に面したり、囲んだりする中庭形式にした。

02　班家韓屋の構造と空間の特性

　韓国の班家韓屋全体の平面は基本的に母屋と舎廊棟、祠堂棟で形成されたが、まったく同じものは一つもない。家の主人の欲するものが、それぞれ違うからだ。

家族制度に忠実な空間構造

　班家韓屋の空間構造は、家族の生活に忠実だ。死者の空間である祠堂は、生者の空間と完全に遮断されている。家族のための空間構造は、序列に従いながらも機能的だ。尹拯故宅や鄭汝昌故宅、礼山の秋史故宅などにも、このような忠実さがみられる。

　部屋と部屋は戸で連結され、開けば通じ閉めれば個別空間になるから、完全な個人空間も完全な共有空間もない。必要に応じて拡張し、遮断する、可変的空間だ。分閤門や窓戸はいくつかの内部空間を、簡単に通じさせたり分離したりできる。すべての空間が戸を通じて一つに連結されているから、内部と外部空間は、簡単に一つになる。

　また、韓屋構造は多くの棟と部屋の分化という特性があるが、棟と棟が庭を媒介に連結されて大きな枠を成し、その過程で内・外の空間をつなげたり分けたりするための装置が開発された。中庭もまた、棟との関係の中で多くの性格と形式を持つ。

　軒や退間（家の外に別の柱を立て、家に続けて造った空間）、多様な窓戸の形式と開閉方式を決めるのは建物の担当だとすれば、塀や石、

基壇などを利用して空間を性格づけるのは、庭の役割だ。

　深い軒は、夏は日よけになり、冬には低い空にある太陽の光を部屋の奥まで届かせて、部屋を暖めてくれる。冷たい風に押し出されかけた暖かい空気が深い軒にひっかかってとどまり、横たわった垂木も、暖かい空気を滞留させる。

　中国から輸入された丹青の顔料はぜいたく品として規制の対象になり、宮殿や寺院などを除いては禁じられた。それで班家の外観も、日本の書院造と同じく加工しない木材と、白い韓紙を貼った窓戸、白壁や土壁などで造り、素朴な感じにした。

木組み構造の線と面的構成

　韓屋の木造は柱と梁が主軸だ。釘を全く使用せず、木材同士を組み合わせてつなぐ。木材はすべて露出して、空間装飾の一つの軸となる。木材を露出しつつ、美しく調和させねばならないので、家の設計者であり監督である大工は、卓越した技術と感覚を持った総合芸術家だった。現在でも大工は相当なプライドを持っている。

　班家韓屋で最も重要な空間は、高い基壇に建てた母屋と舎廊棟で、たいていは美しい入母屋造だ。とりわけ、高い柱を立てて造った楼マルは、舎廊棟の品格を完成させる最高級の木造空間だった。

　入母屋造は四隅の軒の縁が反り返り、大棟と降り棟、隅棟をすべて備えた華やかな屋根で、軒の曲線が柔らかく温かみがある。同じ家の中でも、建物の機能や大きさによって寄棟造や切妻屋根を使用することもあった。屋根は灰色粘土の瓦で覆った。韓屋の瓦は牝瓦（平瓦）と牡瓦（丸瓦）の間隔が広く、溝と溝の間が広い。家屋全体は高低差があり、屋根にも位階が形成され、リズミカルな美しさを持つ。

　このような棟の構造的な特性は、悠然とした線的な構成と直結す

る。基壇が形成する水平線と柱が形成する垂直線、そして悠然とした軒の線や大棟の線などが、互いに対立しながらも調和し、そこに瓦や窓戸の格子の線、そして木材の繊細な木目が、絶妙な統一性を創り出している。

窓戸と壁の面的美しさ

韓屋の窓戸は、窓と戸の役割が完全に分かれることもあれば、混用されることもあった。戸としてのみ使用されるのは盲障子（最も多く使用される、光線を防ぐために厚い紙を貼った障子）、板長門（木の板で組んだ戸で、大庁の後ろの雨戸、台所や倉庫の戸に使う）、骨板門（扉の枠に板をはめて作った戸）、ドドゥム門（戸の枠に縦横に格子を組んで紙を貼った、屋根裏などの戸）、連窓門（中央にだけ紙を貼った分閤門）などで、窓としてのみ使用されるものは格子を作り、家の外観と立面の多様性を生かした。最も多く使われたのは帯箭門であったが、亜字窓、卍字窓、井桁窓、貴字窓のように幸せを意味する漢字を使ったものや、幾何学的な格子など、いろいろな形がある。一つの家でも、空間の機能や大きさを考慮して違う格子を選んだ。窓格子は、彩色のない韓屋の立面を華やかにする、重要な装飾要素だった。

大門と中門の装飾

大門は主人の身分や財力、そして門の位置によってさまざまな形式がある。もっとも格式の高い形式が〈ソスル大門〉だ。両班の威厳を示すソスル大門は、大門が設置された行廊棟の屋根よりも高い屋根をつけた門で、輿に乗ったまま入るために屋根を高くしたものだそうだ。屋根はほとんど切妻屋根だ。大門は巨大な引き戸の板門で、錠には縁起の良い亀の模様がつけられることもあった。

中門は、家の中の塀や付属的な建物の一部に設けられた。庭と庭

鄭汝昌故宅のソスル大門

が続く地点にあり、男女の区別や階級の上下を塀や中門で区切ることにより表した。家の空間配置によって形はさまざまで、平門、一角門（門柱だけの門）などがある。

　現在残っている班家は、ほとんど宗家（一族の本家）の家だ。宗家は同族集落でも良い場所に建てられた。山のある場所が多かったので塀はたいてい傾斜していたが、斜面に造った塀は、上面が傾くのではなく水平に造られ、独特な律動美を見せている。

オンドル部屋と大庁、楼マルの構造的調和

　班家韓屋に共通した空間の特性は、棟と部屋の分化だ。棟は機能によってさらにいくつかの空間に区分された。室内空間はオンドル部屋と大庁、マル、縁側、楼マルで構成され、それぞれ違う役割を果たしていた。構造的に性格の違う空間が組み合わさっているのは気候の変化や、日常と非日常の礼法に対応するためだが、その空間構造や規模は、人間的な温かみや安らぎを反映していた。オンドルやマルの構造は、座式生活の空間を快適なものにした。

　楼マルは班家の権威を象徴する高楼形式の板の間で、たいてい舎廊房に接しており、韓屋の外観を特色あるものにしている。床を地面より高くして地面から来る熱や湿気を避け、風通しを良くしたもので、3面が開放されている。自然の景色を観賞し、知的交流や風流を楽しむ空間として活用された。

韓屋は〈気〉の通じる有機的空間

　朝鮮時代の韓屋は、単なる物理的空間ではなく、共に暮らし、〈気〉が通じる有機的空間であった。

　家を建てる時は、必ず上棟文（棟上げを祝う文）を書き、大梁の中に入れる儀式を行った。18世紀両班の住居文化に関する記録であ

る洪 敬 謨の『四宜堂志』には、母屋と〈澄懐閣〉の上棟文が載っ
ているが、家ができた喜びや、家を通してより多くの福が得られる
ようにという願いが記されており、家を大切に思う敬虔な態度がよ
く表現されている。

　また、重要な家屋や部屋には必ず扁額をかけた。代表的なものが
家屋の名を書いた懸板だ。扁額は中国の漢の時代から使われていた
という。楼亭を建てた時も祝いの詩や文を書いた扁額をかけたが、
たいていは自然との合一や自然を礼賛する内容だった。

　扁額の一種である柱聯は、主に有名な漢詩の一節を書き、家の前
面の角柱にかけた。空間と共感するこうしたやり方には、朝鮮の儒
者文化の品格がうかがえる。

老安堂の扁額（下）と柱聯

03　上流班家韓屋の事例と特性

宮殿の中の班家──演慶堂

　演慶堂は昌徳宮の建物のうち唯一、班家の形をした 120 間余りの家で、1828 年（純祖 28）に孝明世子（1809 ～ 1830、没後、翼宗に追尊）が、父・純祖のために珍蔵閣の跡地に建てたという。現在の演慶堂の建物は高宗の時代に建て直されたものと思われ、元の姿とはかなり異なっている。

　正面 6 間、側面 2 間の平屋建て入母屋造りで、正間（建物の中央の空間または部屋）は広く、前には狭い退間がある。班家との違いは王室の特性上、母屋に台所がなく、南向きで、東西に並んで配置された母屋と舎廊棟を一つにつないであるところだ。丹青を省略し、祠堂がない点も違う。

　演慶堂の前に流れる明堂水を渡れば、まず最初に正門である長楽門が見える。長楽門は月の国の神仙の宮殿である〈長楽宮〉から採った名前で、神仙のように心配事のない世の中で暮らしたいという願いを込めているそうだ。

　舎廊棟の横の善香斎は、ひさしのあるレンガ造りで、書斎を兼ねた応接室として使われた。真ん中には広い大庁を置いて両側にオンドル部屋を造り、屋根に日差しを防ぐひさしを設置している。西向きなので、午後に日差しが家の奥まで入って書籍が傷むのを防ぐためだ。後ろの丘には小さなあずまやがある。

　こぢんまりと優雅な演慶堂は朝鮮の班家の形をよく表しており、

演慶堂の母屋

2012年に宝物に指定された。

大院君の権勢が感じられる王家——雲峴宮

鍾路区雲泥洞にあるソウル市史跡257号の雲峴宮は、朝鮮26代の王・高宗の父、興宣大院君の私邸だ。保存状態が良く、朝鮮後期班家の姿を伝えている。高宗が生まれてから十二歳まで住んでいた家でもあり、当時は宮殿よりも豪勢だったという。雲峴宮の敷地は、高宗が即位した後、大院君が大幅に拡張した。

雲峴宮は大きく三つに分かれる。元は母屋だった老楽堂、舎廊棟である老安堂、そして後から建てられた二老堂だ。入り口に入ると右側に、守衛が使っていた守直舎が見え、そこを過ぎると老安堂に至る。舎廊棟である老安堂は大院君の暮らした家で、正面6間、側面3間のL字形だが、正面に3間の大庁があり、その奥に部屋が続いている。〈老安〉は『論語』の「老者はこれを安んじ」という一節から引用したもので、息子が王になったので大院君が老年を気楽に過ごせて満足しているという意味と、老人を敬うべきだという治国の理念をこめているのだそうだ。

老安堂の側面にある大庁の横の縁側は、三面に欄干を巡らせ、小さな楼のように使われた。床はウムルマルで、欄干は繊細な幾何学模様で飾られている。老安堂の扁額は秋史・金正喜の字を集めて作ったといい、軒を二重にした補簷（屋外に設置した帳）も見どころだ。

老安堂の横に続く老楽堂は雲峴宮で最も大きく、中心となる建物であり、大きさは正面10間、側面3間で、ロの字形の構造だ。明成皇后の王妃修業が行われ、高宗との嘉礼（婚礼）が行われた所でもある。老楽堂の中の行廊棟は、二老堂との境界でもあり、中門につながっている。

老安堂の縁側／老楽堂

さらに奥に入ると母屋として使われた二老堂がある。大院君の夫人である閔氏が生活していた所だ。高宗と明成皇后の嘉礼の後、老楽堂を母屋として使うことができなくなり、1869年に新しい母屋として築造された。正面8間、側面7間に中庭を造ったロの字形だが、小さな中庭がマルに囲まれており、母屋特有の閉鎖性が反映されている。裏庭には、おいしい水が出たという大きな井戸が残っている。二老堂前の小さな記念館には、大院君の鎖国政策を知らせる斥和碑と、高宗と明成皇后の嘉礼の様子を表現した模型が展示されている。

〈白衣丞相〉の家——尹拯故宅

　尹拯（1629～1714）は朝鮮の朱子学者であり少論の指導者だ。本貫は坡平、号は明斎で、右議政に任命されたが辞退し、〈白衣丞相〉とも呼ばれた大学者だ。

　忠清南道論山市魯城面校村里に位置する尹拯の故宅は、単純な構造だが、しっかりとした造りで、朝鮮後期の郷村に住む両班の粋をよく表している。母屋、舎廊棟、大門棟、蔵、祠堂で構成されており、周辺に黄土房（床や壁を黄土で造った部屋）、超然堂、旌閭碑閣、蓮池などを配置している。この故宅には、珍しく家全体を囲む塀がない。こうした構造上の特徴のゆえに大門もなく、舎廊棟が外に露出しているが、家の前の進入路と基壇が門の役目をしている。

　母屋は、舎廊棟の左に造られた中門を通じて入る。門からすぐ母屋が見えないよう〈内外壁〉という板壁が立っていて、それを回って入るようになっている。正面8間、側面5間の、コの字形の総面積約170㎡の建物で、部屋、マル、台所で構成されている。部屋は内房、越房（コンノンバン）、小さな越房、上の部屋（ウィッパン）（二間続きのオンドル部屋のうち、焚口から遠い方の部屋）、倉庫として使う部屋、針仕事用の板敷の部屋

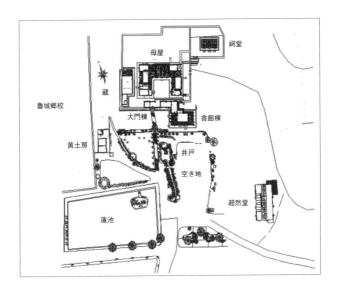

尹拯故宅配置図

舎廊棟

に分かれている。

　舎廊棟は正面4間、左側面3間、右側面2間の大門棟に続くL字形の建物で、正面4間、側面2間の1高柱（軒桁より高い、内部の柱）5樑（高柱に束柱をかけて組んだ五つの梁）のナプトリチプ（梁の断面が四角いものをナプトリという。ナプトリチプは柱の上部に包作〈軒の重さを支えるための木切れ〉を置かない格式の低い家のうち、ナプトリを使った家）だ。中央に大きな舎廊房、その左に楼マル、右に大庁があり、楼マルの後ろに小さな舎廊房、大門棟につながっている奥の舎廊房と楼マルの下部に台所が、大きな舎廊房の後ろに小さな庫がある。建物の背面には小さな舎廊房から大庁に続く小さな縁側がある。大庁は、前は外、右側は庭、後ろは祠堂に向かって開いており、いろいろな用途に使われる空間だ。

　大きな舎廊房は、家で一番目上の人が利用する空間であり、小さな舎廊房は、主に結婚した息子が使った。

　楼マルはこの故宅の独特な空間で、望楼のような特性を持っている。楼マルは大きな舎廊房より約40cmほど高くなっているが、家の大きな行事はもちろん、客をもてなしたり、お茶を飲みながら思いにふける空間として使われた。楼マルと、縁側の方の門の上には扁額がかかっている。

　楼マルの床は木枠に床板を挿して井桁形にしたウムルマルだ。板の方向は前の1間が桁の方向で、奥の1間は梁の方向だ。外壁にはモルムデ（引き戸の敷居の下の台）があり、細い格子の引き戸と四分閤門がついている。正面の分閤門を上げて軒にかければ、庭園や蓮池など周辺の景色が一幅の絵のように見える。楼マルの高さは正面基壇から1mほどで、下の空間は開放されている。奥の1間はかまどのある台所だ。

韓国三大明堂の一つ──雲鳥楼（ウンジョル）

　全羅南道求礼郡土旨面五美里にある雲鳥楼は、朝鮮王朝の英祖の時代に楽安府使を務めた柳爾冑（ユ イ ジュ）が建てたと伝えられる 99 間の大邸宅だ。規模や構造が当時の上流班家の姿をよく表しており、1968 年に重要民俗資料 8 号に指定された。

　雲鳥楼は風水地理において、韓国三大明堂の一つとされる。雲鳥楼は大きな舎廊棟の名で〈雲の中の鳥のごとく隠れ住む〉という意味だそうだ。敷地面積約 4600㎡（1400 坪）、建坪約 900㎡（273 坪）で、東西の一番長い所が約 55 m、南北に一番長い所が約 47 m の土地に、南向きに建てられている。一族の文書によれば、一時は農地が 883 マジギ（田畑の面積の単位。一マジギは一斗〈約十八リットル〉分の種をまくぐらいの広さを言う。田なら約二百坪、畑なら約三百坪）に達し、大韓帝国の末期までは一年の農業に 200 人から 400 人が動員されたという。しかし現在は 70 数間に減少し、屋敷もろくに管理されてはいない。

　全体は山すその地形を生かし、大門棟から母屋に行くにつれ少しずつ高くなる。中央に家屋の中心である舎廊棟と母屋があり、その前に大門棟が配置され、祠堂は 2 間で母屋の東北側に別の塀で分離されている。母屋と舎廊棟は 1776 年に建てられた。全体は母屋、母屋前の行廊、大きな舎廊棟、中間の舎廊棟、外の舎廊棟、外の行廊、そして祠堂と中庭で構成されている。

　ロの字形の母屋は 36 間で、高さおよそ 60㎝の滑石を積み上げた基壇の上にあり、礎石として大きな怪石を使っている。翼廊（門の左右にくっつけて造られた行廊）と翼廊の上の層楼の形や規模などは、すべて造られた当時の姿のままだ。

　舎廊棟は三つあり、主人が寝起きした 16 間の大きな舎廊棟は門を入った正面の、高さ約 1 m の台の上にあり、中門の方にオンドル

1800 年前後の雲鳥楼を描いた〈全羅求礼五美洞家図〉

部屋、真ん中にマル、西の端に楼マルという形式になっている。中間の舎廊棟である帰来亭は6間で、主として客を接待した。

舎廊棟の基壇の下には植木鉢や怪石などが置かれ、築山もあったが、今は木が植えられている。塀で遮られた舎廊棟の裏庭も、昔は植木鉢や石で飾られていた。大きな舎廊棟の裏庭のたきぎ置き場から母屋の裏庭に通じる夾門（小さな門）は独立しており、両側に塀が続いて舎廊棟の裏庭の塀と外郭の塀を南北につないでいる。他の二つの夾門は両方とも行廊に属しているが、一つは母屋の東翼廊から祠堂の中門に通じる門で、もう一つは中間の舎廊棟と、下人たちが寝起きする外の舎廊棟の間に位置して、母屋の前の行廊の前庭と大きな舎廊棟の前庭をつないでいる。

中庭は母屋の中庭、舎廊棟の中庭、母屋の行廊の前の中庭が〈品〉という字の形に配置されている。外の行廊棟の前には中庭がなく、長い蓮池があり、池の中の三神山は各種の蓮の花を始め、花鳥で飾られている。池は、前の山が火山なので火気を防ぐために造られたものだ。元はおよそ660㎡（200坪）もあったが、現在は一部だけが残っている。

自由で闊達な有機的構造――船橋荘〔ソンギョジャン〕

江原道江陵市雲亭洞にある船橋荘は孝寧大君から十一代目の子孫である、全州出身の大地主李乃蕃〔イネボン〕（1703〜1781）が建て、子孫が代々住んでいる上流班家で、明堂だと言われている。家の敷地が船のへさきを連想させるために船橋荘と命名されたそうだ。

母屋、舎廊棟、東別堂、西別堂、行廊棟、祠堂、あずまやをすべて備えた大邸宅だが、舎廊棟である悦話堂と、小さな舎廊棟は1815年に、あずまやである活来亭と池は1816年に造られたという。現在の母屋は1853年に建てられたと上棟文に記録されていて、焼

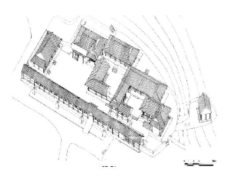

船橋荘の配置図
悦話堂
船橋荘

失などの理由で古い建物を修理したものと思われる。建物は 11 棟
あり、主な領域である本棟は、母屋と舎廊棟、行廊棟で成ってい
る。総面積約 550㎡（168 坪）で、付属棟としては東西の別堂と活来
亭、祠堂など三つの棟がある。それ以外にも建物の間の中庭や家の
外の付属棟などがある。

　建物の様式は五樑架構の単純なナプトリチプで、入母屋造りに一
重の軒、勇壮な外観は上流住宅の典型だ。母屋と舎廊棟がはっきり
区分されており、広い中庭、ゆったりとした空間の配置や有機的構
造が自由闊達な印象を与える。

　母屋は中部の韓屋様式であるL字形で、内房、大庁、越房、台
所で構成されており、中庭がついている。東は東別堂、西は西別堂
とつながる広い領域を占めており、当時の女性たちの生活や活動の
規模を彷彿とさせる。

　船橋荘の代表的な建物である舎廊棟〈悦話堂〉は、楼マル形式の
風雅な構造で、正面4間、側面3間だが、ほとんど一の字形の平面
を成している。5、6段の階段を上がった所にあり、大庁、舎廊
房、寝室、楼マルで構成され、前には広い中庭がある。李乃蕃の子
孫で、〈安貧楽道〉を信奉した李厚が純祖 15 年（1815）に建てたそ
うだ。

　行廊棟の前の広い空間には大きな池と活来亭が設けられている。
あずまやはL字形で、部屋と楼マルがある。池の中央に築いた三
神山の一本松が、士大夫らしい趣を添えている。

東方四賢の気風が溢れる班家——鄭汝昌故宅

　慶尚南道咸陽郡池谷面介坪里にある鄭汝 昌 故宅は、朝鮮前期朱
子学の大家であり、〈東方の四賢〉の一人として尊敬された鄭汝昌
（1450 ～ 1504）の屋敷だ。彼の号〈一蠹〉から〈一蠹故宅〉とも呼ば

れる。彼が他界した後、1570年頃に子孫が建てたもので、両班屋敷の典型とされる。

　故宅には両班家のこざっぱりとした雰囲気が溢れており、中庭は日当たりがよく、四方に風が抜けて爽やかだ。

　約1万㎡（3000坪）もある広い敷地に舎廊棟、母屋、別堂（内舎廊棟）、祠堂、庫など16棟が塀で区切られている。母屋は1690年、舎廊棟は1843年と、建てられた時期が異なる。

　ソスル大門のある大門棟は、丸い川石を積んだ壁が美しい。左右にそれぞれ2つずつ、計4つの部屋があり、左端には舎廊の厠がある。

　大門棟を入ると舎廊の中庭を前にして右に舎廊棟、左に庫がある。舎廊棟はL字形の入母屋造りで、前後に退間のある2間の舎廊房を中心に、左に大庁、右にオンドル部屋が二つあり、右端には威風堂々とした美しい楼マルが続く。高い石の台は母屋と下の棟の高さに合わせて築かれている。舎廊棟の扁額には〈濯清斎〉と書かれている。

　舎廊棟の横、庫の間の一角門と中門を経て入る母屋は、南向きの一の字形の建物で、右には内舎廊棟、左には下の棟があり、後ろにはキョプチョマ（軒先の垂木の上にさらに短い垂木を重ねた軒）に華やかな丹青が施された3間の祠堂が、別の塀で区切られている。

　祠堂は丹青が施された唯一の空間で、緑と朱色で華やかに彩色されており、その横には幅5間に奥行き2間の大きな庫がある。

原形をとどめている上流班家──金東洙家（キムドンス）

　全羅北道井邑市山外面五公里にある金東洙家の家屋は典型的な上流層の班家で、当時全羅道一帯に広まっていた風水思想にのっとって造られたそうだ。六代祖・金命寛（キムミョングァン）が1773年から建て始め、11

鄭汝昌故宅の中行廊棟　下の棟　母屋（写真左から）

年目の 1784 年（正祖 8）に竣工した。彼はこの場所が明堂なので、
少なくとも 12 代までは気運が続くと信じていたらしい。

　村の前には東津江の上流が西南に流れ、背後に蒼霞山のある典
型的な背山臨水の地形で、門の前には約 100㎡（30 坪）の池がある。
敷地は東西に 65 m、南北 73 m の長方形の塀で囲まれ、大門棟、舎
廊棟、中門棟、母屋、内舎廊棟、祠堂、牛舎、護持家（奴婢の家）
で構成されたロの字形の大邸宅だ。家全体は南東に位置している。

　ソスル大門を入り狭い中庭を経て中門をくぐれば、外の行廊棟が
あり、続いて優雅な舎廊棟が見える。

　この家で最も華やかな一の字形の舎廊棟は、台所が独立している
点が独特だ。正面 5 間、側面 3 件に高柱を立て、中に部屋を造り、
前後に退間を置いた。部屋が二つ、その後ろにも部屋が一つあり、
台所と内庫を除くとすべて板敷きになっている。南東に大門棟があ

金東洙家の舎廊棟

る。

　内行廊棟の門を入ると母屋に行ける。母屋には６間の大庁を中心に左右対称の部屋が一つずつあり、左右の前に突出した部分に２間の大きさの台所が、翼のように配置されている。

　母屋の左に位置した別棟である内舎廊棟は一の字形で正面５間、側面１間半の大きさだ。やはり中央に大庁、その左右に部屋があり、左にある空間は台所として使っている。本棟を建てる時、金命寛が大工たちと暮らすために建てたそうだ。元は内舎廊棟の前に付属の建物がもう一つあったらしいが、現在は残っておらず、記録を見ると倉庫番の家だったと思われる。

　母屋の北側に位置した小さな祠堂は正面１間、側面１間の構造だ。屋敷近くに配置されていた８棟の護持家は、現在２棟だけが残っている。

　故宅は全般的に素朴な造りだが、大門棟から母屋までの空間の構成が多様で、特に目立つのは、中庭の大きさと位置、大門から母屋に至る動線の関係だ。中庭はコの字形の母屋内部の中庭と内行廊棟の間の横に長い中庭が続いていて静かな趣だ。

　建築材料は比較的しなやかな物を使っているが、これは朝鮮王朝後期の中流以上の家屋が持つ特徴の一つだ。ほとんど原形のまま保存されており、整備された周りの環境とよくなじんでいる。

04 班家韓屋の伝統インテリア

韓屋の特性は、ゆったりした瓦屋根、部屋の閉鎖空間と大庁や縁側の開放空間、板戸や格子戸などが、ほどよいバランスで調和していることだ。

班家韓屋には、いろいろな大きさのマルが意外な所にあって驚かされることがある。慶尚北道などの班家韓屋には、大庁ではないマルが建物の片方にあったり、収蔵機能のあるマルが台所や納屋の上部にあったりする。そのほか、全羅北道地域では空楼という、母屋に女性たちが夏に休むための高床があることも少なくない。このように韓屋は外見上の規模に比べ、機能的で内密な空間が多い。

班家韓屋は、それぞれの建物が持つ中庭に、美的特性が現れる。

韓屋の室内外によく使われる木材は、朝鮮半島全域に最もたくさんある松の木だ。松は形と木目によって選ばれた。金剛松が最上とされ、一般的には赤松がよくつかわれた。

班家韓屋の大門を入ると、舎廊棟があり、行廊棟で囲まれた中門を過ぎると、母屋がある。空間の位階を意識しながら建物の曲がり方に沿って歩く動線は、必ずしも柔らかくはない。空間の重層性や、領域を守るための構造は、形こそ違え、中国や日本と心理的な差はない。

外から見える舎廊棟に比べ、中門を過ぎた所にある母屋の全景は、神秘的ですらある。ロの字形の多い班家韓屋の母屋は、中庭を囲む各部屋の空間の距離によって、外見のイメージが大きく異な

る。

　韓屋の外観で見逃してはならないのは、縁側や楼マルに造られた欄干の装飾だ。いろいろな文様を浮き彫りにした低い欄干は、開放された大庁や縁側の空間を区切り、また安全を守るもので、窓戸と共に繊細な装飾美を見せてくれる。

　何よりもダイナミックな設備は窓戸だ。特に母屋や舎廊棟、大庁の分閤門は、夏には持ち上げて空間を四方に開放し、涼しい風を入れる。

1　空間構造と装飾

内房(アンバン)——韓国女性文化の象徴

　母屋の内房は女性だけの空間だ。内房に飾られるすべてのインテリアの要素は女性的で、家族の幸福と安寧のための象徴的な文様や色彩が使われている。富貴を表わす牡丹の花や、漢字の〈福〉、長寿や、男の子を含めて子供がたくさん生まれることを象徴するザクロやブドウ、コウモリなどの文様があちこちに使われた。油皿や真鍮の火鉢などによく彫られた蝶の文様は幸福な夫婦関係を表わし、寝具は陰陽五行に従って緑と赤が使われた。こうした象徴的な表現と装飾は、絵を始め家具の飾り金具に最もよく使われ、屏風や織物製品に刺繍されたりもした。

舎廊房(サランバン)——韓国男性文化の象徴

　舎廊棟の舎廊房は男性の空間なので、内房に比べ、あまり飾り気のない地味なインテリアが特色だ。儒者の風格を表象しようとしただけに屏風や書画も、書や山水画のような、古風で素朴な内容が多かった。家具もほとんどの装飾が控えめにされた。油皿や火鉢はもちろん、織物でできたポリョ（長い座布団）や布団なども特に模様の

ない、単純で幾何学的な装飾が施された。

大庁(テチョン)——班家の権威の表象

　大庁は母屋の内房と越房の前、あるいは舎廊棟の大きな舎廊房の前の広いマルで、朝鮮時代上流階級の権威を象徴する空間だ。家の中心にあって、空間という面でも他の部屋を支配する中心的な生活機能を果たし、今日の居間のように各部屋をつなぐ役割も果たした。母屋の大庁は〈内大庁〉、舎廊棟の大庁は〈舎廊大庁〉と呼ばれた。

　大庁は床を地面より高くして下に風を通し、外壁の一部は開放したり、簡単に開閉したりできるようになっている。大きさは２間から８間までさまざまで、たいてい中庭から大庁に上がる基壇、その上の台石、大庁前の縁側で構成されていた。大庁の大きさによって柱の数も違う。オンドル部屋があっても大庁は、韓屋で重要な役割を果たしていた。

　大庁の床はすべてウムルマルで仕上げをした。ウムルマルは短い板を横に、長い板を縦に置いて井桁に組んだ韓国特有のマルで、四季がはっきりしており、気温と湿度の変化が激しい気候にふさわしい。韓屋の材料としてよく使われた松の木は曲がって伸びる特性があるため、まっすぐな板を作るのは難しい。ウムルマルはそんな短所を補うために考案されたもので、単調ではなく、温かい感じのする装飾パターンだ。昌徳宮の大造殿の大庁は、ウムルマルではない幾何学的なパターンのマルだが、おそらく朝鮮後期に外国文物の影響を受けたものだろう。

　大庁はたいてい部屋と部屋の間にあるので、両側の部屋につながる分閤門があり、前面はほとんど開放している。前面に分閤門をつけ、冬は閉じて寒さを防ぎ、夏には持ち上げて風を通した。北に面

江陵にある海雲亭の大庁

した所はたいてい骨板門をつけた。上流班家では大庁以外にも小さなマルがいくつもある。

大庁の天井は屋根の垂木をそのまま露出させた椽灯（ヨンドゥン）天井で、自然な装飾美が際立つ。

大庁は先祖の祭祀を執り行ったり家の守護神を祭ったりする場所であり、下人や小間使いの出入りはさせず、側近だけが出入りできた。大庁の上には家の来歴や修理した時期などを記録した文書を置いたり、五言絶句やめでたい詩句、または家内安全を祈る柱聯を柱にかけたりもした。

このように韓国の人たちは家を建てる際に、堂号や建設時の状況、心構え、または暮らしに役立つ文句などを彫って目につく所にかけておき、教訓とした。

楼マル──上流階級の交流の場、そして現実の中の理想郷

楼マルは高殿のように一段高い所に造った楼閣形式のマルで、韓屋で最も権威のある空間だと言える。床を地面より高くして地面の湿気を避け、風通しを良くしたものだ。

一般的に舎廊房に続いており、欄干で囲まれているが、三方が開放された爽やかな場所であるため、自然の景色を愛でつつ知的交流や親交を結ぶ場として愛された。

楼マルは景色のよい所に建てたあずまやと密接な関連がある。楼マルは家の中で、あずまやは家の外で自然を観賞し、知的交流をし、風流を楽しむ空間だ。班家では、これらの空間で詩会を開いて詩を作ったり絵を描くなどして、格調高い交流をした。

このように韓国人は、万物を生成する絶対者としての自然に純粋に憧れ、眺めの良い所に楼マルを建てたり、景色の良い所に自然と調和するあずまやを造ったりして、現実の中の理想郷とした。物質

的な豊かさよりも精神的な価値を重んじ、現実的な満足より自然との合一、さらには神仙思想に基づいた道人や仙人を目指したのだ。楼閣やあずまやは、こうした思いを具現するための理想的な空間であった。

楼マルは、別個の基礎を造って他の部屋より高くした高床で、機能的には夏の湿気と暑さを避けた、眺望と休息のための空間だ。大庁はたいてい一方か二方だけが開放されているが、楼マルは三方が開放され、外の秀麗な景色を家の中に取り込む。そのため外から見れば水平に並んだ家に垂直の要素を与え、韓屋の造形美において大きな役割を果たしている。

楼マルの欄干は、墜落事故を防ぐためのものだが、それ自体が美しい。たいてい、座る所に鶏子欄干、通行する所に平欄干を配した。床はやはりウムルマルで仕上げられ、四方の壁にはすべて窓戸があるが、分閤門にして夏には持ち上げて開放し、冬には閉じて寒さを防いだ。天井も木組みが露出している。

楼マルには主人の理想や周辺の風景、家訓や思想を刻んだ扁額をかけたりもした。この扁額を見れば、主人の考えや家風がわかる。

楼マルのある班家の外観は全般的にすっきりしており、軽快でありながら優雅だ。宮殿の楼マルの築造方式も班家と同様である。

窓戸（チャンホ）——虚飾を排した不規則性の美学

格子

韓屋の内外において格子は重要な装飾要素だ。外部に露出した格子の文様は、一見すると似通った韓屋の外観を個性的なものにする。

韓屋の窓戸はさりげない装飾で全体のバランスを重視し、空間のリズム感を最優先にする。何よりも誇張や虚飾の排除を重視する韓

鄭汝昌故宅の楼マルのある舎廊棟
演慶堂の楼マル

屋の美的基準が反映されているのだ。

　韓屋の窓戸の特徴として、不規則性が挙げられる。行廊棟のように機能を重視する場合を除けば、同じ形の窓はほとんどなく、機能、使用者の位階、方位、独特な使い方などを考慮して造形されている。

　韓屋の窓戸は、日本とは逆に韓紙〔ハンジ〕を窓の内側に貼るので、格子の文様がそのまま外部に見えて装飾効果が大きい。室内で見ると韓紙に隠れてよく見えないが、日光や月光が差した時に窓戸の格子がさりげなく描き出す文様は、韓屋が持つ美しさの中でも圧巻だ。このように格子は部屋の内外に特色を持たせる要素だ。班家では居住空間ごとに格子の文様を変えて、装飾に変化を持たせた。

　窓戸を語る時に忘れてはならないのが韓紙だ。韓紙は楮〔こうぞ〕を原料にして複雑な工程で作られるが、採光と換気に優れ、湿度調節機能も高く、雨の日には湿り、日が差せばまた固くなる。紙を何重にするかによって採光も調節できる。

　障子紙を貼る時は、つるつるした面を格子につける。韓屋は保温に、日本の住宅は湿気防止に主眼を置く。

　朝鮮時代に窓戸を作った指物師たちは、さまざまな美しい格子を開発した。中国の格子と似た幾何学的な形もあるが、色や形という点で、中国とは大きく異なる。

　日本の障子は施錠できないが、韓国の窓戸はすべて錠がついている。韓屋の舎廊棟と母屋のオンドル部屋の開き戸や引き戸は二重になっており、内側の引き戸には錠がなく、外側の開き戸の、部屋に面した方に錠がついている。外側の戸は主に開いており、内側の引き戸はたいてい閉まっていて実質的な戸の役割をしていることが多い。

　窓戸は大きさ、開閉の仕方と構造、機能、用途などによって分類

される。開き戸が大部分だ。

　朝鮮時代には宮殿と寺にのみ丹青が許され、班家は、祠堂以外は彩色できなかった。灰色の瓦屋根、白い壁、茶色い木の柱が、白い障子紙や格子の文様と共にかもし出す素朴な温かさは、韓屋だけの独特な造形美だ。

分閤門と連窓門

　韓屋の窓戸に独特な装置が、分閤門だ。分閤門はマルや部屋の前に設置し、折りたたんで開けられるようにした大きな格子戸で、分離することができ、持ち上げて、上の方に吊るされた長い鉤にかけておくこともできる。夏に空間を開放して視覚的に清涼感を与え、風通しを良くするための窓戸だ。この持ち上げる分閤門を、〈トゥロヨルゲ（持ち上げ戸）〉とも呼ぶ。

　大庁や楼マルにはたいてい四枚一組の四分閤門をつけた。何枚組であるかは、家によって違う。金東洙家はほとんど三分閤門だが、舎廊棟の窓戸は大庁を中心に、最も大きな窓戸が四枚一組で、それ以外の大庁と部屋、部屋同士をつなぐ分閤門は三枚一組だから、機能と造形によって構成されていることがわかる。また窓戸の大きさもそれぞれ違い、同じ種類、壁面、方向の窓戸でも同じ大きさの物はほとんどなく、位置や機能などによってそれぞれ規格がある。

　連窓門は戸の真ん中だけ韓紙の格子窓で作った四分閤門で、主に大庁と部屋の間に設置する。韓屋の大庁は一般的に前後が開いているため、大庁と部屋をつなぐ戸を韓紙で貼ると弱すぎるし、広い大庁に似合わない。それで戸の内外に厚い紙を貼って光や冷気を遮断し、採光のために真ん中だけ韓紙で貼ったものだ。

　通常は四枚の戸のうち、二枚だけを外から引っ張って開ける戸として使うが、人がたくさん出入りする時や、夏の暑い時には戸全体

大庁の分閣門が持ち上げられたようす

を持ち上げ、屋根裏から吊るした鉤に縛りつけて固定した。

　また、戸の装飾として中間部分に四角、六角、八角形などの枠を入れ、その中に格子、櫛目（枠に細い格子を45度の角度にして交差させたもの）、亀などの形の格子を入れた。一般的に連窓門は八角形が多いが、亜の字形の格子で飾ることもある。

2　家具の類型と特性

　班家では多くの家具が使用され、特に母屋と舎廊棟ではさまざまな家具が使用された。ほとんどが座式生活に似合う低めの家具だ。代表的なものとしては座り机、文匣（ムンガブ）、ひつ、籠（ノン）、欌（チャン）、そして四方卓子（サバンタクチャ）（四本の細い脚で支えられた、四、五層のたな）がある。また、小さなお膳も愛用された。

　韓国伝統家具の特性の一つは、大きさや構成のバランス、木の使い方、装飾や彫刻などのすべての造形要素が家具ごとに違うことだ。

　班家の内房と舎廊房の家具は、形や色、飾り金具の文様などにはっきりと違いがある。女性が寝起きする内房は、儒教的規律によって外部と断絶された中で身づくろいをし、自然を味わうことができるようにしつらえられており、子育ての場でもあり家庭生活の中心になる所なので、和やかな雰囲気に合う家具が好まれた。そのため女性に必要な機能を持つ、華やかな形の家具が主だった。一方、舎廊房は家長の居室で、儒教的な徳目に合うようしつらえられた。そのため淡白で格調あるデザイン、本棚や衣装欌のように、面分割が大きく、木目の細かい家具が好まれた。特に風流を楽しむ班家の儒者たちは舎廊房も文匣や四方卓子、机と本棚などで知的な雰囲気を演出し、今日の書斎のように風格のある空間にした。

　班家で使われた家具の造形美は、大まかに言って三つに要約する

ことができる。

　一つ目は、独創的な面分割と、秩序の美だ。籠と欌、四方卓子の精巧な面分割には整然とした秩序の美がある。

　二つ目に、木の性質をうまく生かしたデザインと造形だ。代表的な例がパンダジ（上部だけに扉のある欌）だ。木材の材質と木目に合わせた飾り金具をつけ、黒柿のように木本来の模様が強い場合には、文様を対照に配列して中心的なデザインとした。木目がない時は平安道の〈スンスンイパンダジ〉（鉄板に穴を開けて文様にした飾り金具付きのパンダジ）のように、補強する目的ではなく装飾のために、飾り金具の占める割合を大きくした。

　飾り金具である蝶番、アプパタン（錠や取っ手を支えるためにつける飾り金具）、かすがい、火打、錠、頭の大きい釘などの文様や形はもちろんのこと、材料である錬鉄、真鍮、白銅の選択にも気を配った。飾り金具の文様はたいてい吉祥紋で、家族の健康と幸福を祈る気持ちがこめられていた。

　三つ目は、機能的なデザインだ。家具の機能と用途、配置に合わせて形も変えたが、ひつの場合、軽い物は前に、重い物は上に開くようになっている。パンダジも、〈高敞パンダジ〉のようにやや大きい物は、内部に多様な棚や、小さな引き出しを作った。籠と欌は開け閉めする戸を大きくせず、軽くして開閉に力がいらないようにし、内部にはまた別の引き戸をつけて中の物を保護した。

　座り机（書案）には、天板の長さが短い物と長い物があり、読書用には短い机を、書き物をする時には長い机を使う。経床と冊床の二種類があるが、経床は天板の両端が上に巻きあがった形で、寺で使われた。冊床は天板が一の字形に伸びた形で、民家で使われたが、後には両方とも民家で使われるようになった。

　文匣は敷居や机の高さに合わせた、単層で背の低い収納用品で、

舎廊房や内房に必須の装飾兼用家具だ。一般的に引き戸の窓の下の壁につけて配置し、大切な文書や文具などを保管したり飾り物を上に並べたりした。内房用の文匣は女性の好みに合わせて華やかな材質で作られた。舎廊房用は儒者の書斎生活に似合う、質素で安定感のある形になっている。

ひつは物を保管する長方形の箱で、大部分は上の面を開け閉めできるようにして、葉銭などのお金、本、穀物のような重い物を収蔵する。

大きさはいろいろで、地域ごとに独特の造形美がある。大きなものは櫃、小さなものは匣、もっと小さい物はトクに分類され、細部構造によって櫃と函に分類することもある。主に本や書類、お金、服、祭器、穀物などを保管した。代表的なひつとしては、各種の物品を保管するパンダジ、葉銭を保管するトンクェ、穀物を入れておくトィジュがある。

パンダジは衣類や貴重品を収納する、前開きの単層の櫃だ。パンダジ(「半分閉じる物」の意)は前面の上半分だけが開閉できるようになっているためについた名だ。前後、左右、上下の六面を閉じ、前面の上半分に蝶番をつけた扉が、上下に開け閉めできるようになっている。大きさはたいてい高さ 80cm 程度で、前面に大きな飾り金具をつけ、上には布団などを載せられるよう頑丈に作ってある。地域的な特色が加味されたパンダジの装飾は、特に美しい。

韓国は季節による寒暖の差が大きいため、多様な衣服を収納しやすいパンダジが愛用された。階層にこだわらず、婚礼用品として櫃や籠よりも重要な物とされた。

籠と櫃は外形的には似ているが、上部の蓋板の有無によって区別する。櫃には 3、4cm ほど本体よりも左右に長い蓋板があり、本体は層ごとに分離できない。中央には 2 つの扉があり、2、3 層を固

螺鈿の文匣
書案
パンダジ
トンクェ

定する。一方、籠は蓋板がなく、本体と天板が同じで、箱形をしており、中央に扉をつけ、1層ずつ別に作って2、3層を重ねる。前面左右の角に飾り金具をつけず、四隅の柱もない単純な構造だ。

　籠は上下の層に分けて収納したり、移動したりできる。部屋の戸の大きさや使用空間などを考えて工夫していることがわかる。欌や籠の扉の中に、もう一つ引き戸を作り、保管した物が外に溢れないようにしたことも、そうした配慮の一つだ。

　籠は木以外の材料でも造られるが、木で作った本体に紙を二、三重に貼って飾った籠や、紙だけ何重にも貼り合わせて作った紙籠、葦を編んで作った葦籠、螺鈿で飾り、漆を塗った螺鈿籠、牛の角を薄く延ばして彩色画を描いた後、これを木の籠の上に貼った華角籠、刺繍をした布を家具の前面に貼った繍籠などがある。螺鈿籠、華角籠、繍籠は、主に上流層が使った。

　籠の種類はまた用途によって、衣籠、ポソン（伝統的な靴下）籠、糸籠に分かれ、蓋板のあるものは蓋板籠、脚のついていない函を重ねたものは函籠という。主材料によって梧桐籠、黒柿籠、螺鈿籠、竹杖籠、紙籠、朱漆籠、繍籠、葦籠などと呼ばれる。

　欌は朝鮮時代の上流家庭で最もよく使われた家具で、器や衣類、寝具などを収納する。服の欌を始め、枕元用の欌、布団用の欌、ウィゴリ欌（上部に服をかけられるようになっており、下がパンダジになっている欌）、書欌、卓欌、饌欌（茶だんす）などに分類され、一層の物から五層の物まである。

　層ごとに扉があり、上下に空間を作って、まるで引き出しのような妙味があるが、実際に引き出しがついている欌もある。主材料によって紙欌、絹欌、華角欌、葦欌、竹欌、ヨンモク欌（ケヤキで造った欌）、黒柿欌などに分類され、欌の層数や飾り金具によって蝶々二層欌、鴛鴦三層欌、蘭草欌などとも言う。最上流層は王から賜っ

螺鈿の二層籠
枕元用の櫃
四方卓子

た内賜欌のような高級欌を使用し、中流層以上は黒柿欌、ヨンモク
欌、梧桐欌などを使った。

　四方卓子は本や装飾品を置けるよう、四本の柱に正方形の板だけ
を４、５枚つけた飾り棚だ。四方が開いているので四方卓子とい
う。最下段を収納欌に作ったり、収納欌の上に二つの引き出しを添
えたりもする。２、３層の板の両面、または裏面をふさいだりして
多様な形にすることができ、視覚的にも爽やかで美しい家具だ。舎
廊房では文房具、内房では装飾品を陳列する家具として愛用され、
たいてい二つ一組で配置した。

　朝鮮時代の質素な書斎に趣を添える家具なので、扉の板は自然の
木目を生かし、機能上必要なアプパタン、蝶番、半月形の取っ手以
外には飾り金具をつけなかった。細い柱と横に渡した木の棒のバラ
ンスが美しく、優れた技法で組み立てられた、朝鮮の工芸美を代表
する家具の一つだ。

　構造は四方卓子と同じだが、高さの低い正方形の卓子を長卓子と
いう。大部分は前面の幅が広くて奥行きが浅く、主に内房用であっ
た。下の部分に収納欌があり、用途に応じて本卓子と茶卓子に分類
される。

　朝鮮時代の班家の家具は、機能はもちろん、デザイン的表現に
おいても不足はなかった。螺鈿欌やファリュ欌（紫檀で作った欌）
のような派手な家具もあるが、たいていは素朴で単純でありなが
ら、木材の性質と美観を生かしていた。特にがっしりして深みの
あるデザインが韓屋空間とよく調和し、独特の美しさを引き立て
ている。

3　内房、舎廊房のインテリアの核心、ポリョー襲 <small>イルスプ</small>

　韓屋のオンドル部屋やマルの床は直接座るには固すぎるため、季

節に合うさまざまな敷物が作られた。その代表がポリョだ。

　朝鮮時代の班家の内房と舎廊房には、典型化されたインテリア様式が存在する。内房や舎廊房の家具は台所に面したアレンモク（オンドル部屋で、焚口に近い所）を中心に配置されていた。アレンモクは部屋の主人や目上の人が座る上座であり、その権威を象徴するインテリアがポリョだった。

　上座にはポリョ一襲を備えておかなければいけない。ポリョ一襲とは、ポリョに四方枕、長枕、案席を加えた、伝統的な応接セットだ。宮殿でもポリョ一襲を使った。

　ポリョは綿や動物の毛をたっぷり詰めた布のふちに別の布を当て、糸が見えるように縫いつけた長い座布団で、部屋には常に敷かれていた。四方枕は肘を載せ、斜めにもたれて座ったり、横たわって休んだりするための四角い枕だ。一尺ほどの板を斜めに組んでその上に絹をかぶせ、中には綿をいっぱい詰める。形は四方枕と同じだがもっと長いのが長枕だ。案席は座る時に壁に立てかけて、もたれるためのクッションだ。上の部分がたいてい山形で、色は普通、赤地に藍色のふち布を当て、中には牛や豚の毛を詰めた。真ん中には〈寿〉という字や、亀、鶴、鳳凰などの文様を刺繍したりもした。

　ポリョ一襲を配置した後ろに屏風を立てる。ポリョの前には座り机を置き、向かいに客用の座布団（方席）を四つほど置いた。

　座布団は、季節に合わせて布やワングル（莞草）など、いろいろな材料で作られた。布の座布団は綿を入れて分厚くし、ワングルの座布団は細くきれいなワングルを使って、ところどころに絵の具で文様をつけたりもした。文様はいつも吉祥紋を使った。高価な絹を使い、刺繍で飾ることもあった。

　ポリョ一襲は内房と舎廊房にのみ置かれ、これを中心に、両横の壁に家具を配置した。窓戸の下には一対の低い文匣を置き、枕元用

の欌や籠、槓は空間と調和するよう配置された。もっとも背の高い
四方卓子は隣接した部屋との境界に立てた。

　ポリョ一襲は1980年代までは婚礼用品として必ず準備するほど
愛用されていたが、生活様式が西洋化してソファやテーブルに押さ
れ、ほとんど消えてしまった。

4　遮蔽用インテリア

屏風——芸術を日常に取り入れる多目的インテリア

　朝鮮時代の屏風は風を防いだり空間を隠したりするだけでなく、
室内空間を装飾する機能もあり、願いをかなえるための呪術の道具
にもなった。また儒教の教理を伝えるメディアとしても活用した。
無知な庶民に儒学思想を教えるのは難しいから、日用品を通じて自
然に習得できるよう屏風を利用したのだ。これについて『韓国の屏
風』を著したイブリン・マックイーンは、「儒教を信奉させるのに
効果的な方法として、芸術を一般人の生活の中に取り入れる屏風を
活用した」と指摘している。

　屏風以外にも絵や掛け軸、やきものなどに儒教思想の内容を盛り
込んだ詩画や、教化的な文句を入れた。

　屏風は本来、中国の周の天子が高さ8尺の板に、柄のない斧を図
案化した絵をいくつも描き、後ろの壁に飾ったのが起源だと言われ
ており、韓国では三国時代には既に屏風を使っていたという記録が
ある。当時の屏風は日用品ではなく、祭礼に関連した祭壇画だっ
た。朝鮮時代に国の重要行事を描写した屏風を稧屏と言ったが、稧
はもともと禊で、身を清め、空に祈りを捧げるという文句から採っ
たものが、後に意味が変わったという。

　『三国史記』の新羅時代の身分制度を記録した項目には「真骨（王
族）と六頭品は屏風に刺繍をしてはならない」という条項があり、

『高麗図経』にも「役所の四面に花を刺繍した屏風を立てた」とか、「墨絵の屏風を下人に贈った」という記録がある。朝鮮後期の屏風は、現在もたくさん残っている。

韓国の屏風は中国や日本に比べ、類型と機能が多様だった。中国は室内空間を区切って隠したり、背景を飾ったりするために屏風を使い、日本は特殊階級でのみ使ったが、韓国では朝鮮時代以来、祭祀を始めすべての重要な儀礼に必ず使われ、日常でも内房と舎廊房のポリョ一襲の背景を飾るための装飾品として愛用された。

したがって屏風の題材も使用目的によって違う。白い紙だけを貼った素屏は喪中の祭祀の時だけに使い、祭礼には書芸屏風や無彩色の古風で素朴な山水画の屏風を使った。舎廊房には書、文人画、山水、書架などを描いた屏風が、内房には花鳥屏風が好まれた。婚礼のように非常にめでたい時には富貴を象徴する牡丹のような、良い花言葉のある花の絵の屏風を愛用した。

屏風は1980年代まで、保守的な家風が残っている地方では婚礼用品として必須だった。今でも祭祀や幣帛（ペベク）（新婦が夫の両親や親族に対してする挨拶）、伝統的な祝宴などでは必ず使われ、装飾として長い命脈を保っている。

屏風は長方形に組んだ木組みに紙を貼った上に、紙や絹、麻に描いた絵や文字、刺繍などを貼り、それぞれの板を蝶番でつないで折ったり開いたりできるようにする。韓国では中国式の、木板2枚組の屏風はほとんど使われなかった。

屏風は折りたたむため偶数で構成され、2幅から12幅まである。12幅は扱いやすく二つに分けて6幅ずつにしたりもする。大きさはたいてい幅36〜45cm、高さ60〜180cmほどで、装飾と用途に応じて高さが違う。屏風絵の内容や方式も使用目的によっていろいろだ。

屏風の種類としては2枚組の曲屏、枕元に置く背の低い枕屏風、同じ主題の絵が続く日本式屏風（倭屏風）、さまざまなテーマの小さな絵や書、拓本、図章（はんこ）などをあしらった百衲屏、刺繍をした繍屏、全板で飾った挿屏などがある。テーマによる区分は次のようになる。

　日月屏は、太陽、月と不老長寿を象徴する十長生を唐彩で描いた屏風で、宮中で龍床（王座）の後ろに立て、王が太陽や月と同格であることを象徴する。太陽や月を真鍮で作ってつけることもある。

　古鼎董繍屏は、青銅で作った古代の釜や鐘を黒い絹に金糸、銀糸、金色の絹糸などで刺繍した屏風で、主に図書館や皇帝の寝室に使用した。

　長生屏は、十長生である鹿、鶴、亀、太陽、山、水、雲、松、竹、不老草を描いた屏風だ。宮中では先王たちの肖像画を置いて嘉礼を行う先王殿に使われ、民間では親の長寿を願って親の部屋に置いた。

先祖が文字を書いた屏風

宮牡丹図屏風

百童子屏風は子供たちの水遊び、雄鶏のけんか、太鼓をたたくようす、戦争ごっこなどを描いた屏風で、女性が子宝に恵まれるための縁起物として、寝室に立てて寝たそうだ。

神仙図屏風は道教の理想である神仙をテーマにして、神仙、天桃（天上にあるという桃）、鹿を描いた屏風だ。天桃は神仙を象徴し、神仙は不老長寿を意味する。鹿の中でも白鹿は千年に一頭しか出ないという言い伝えがあって縁起が良いと信じられ、屏風絵によく採用された。宮中では王子が生まれた時や、満一歳の祝いに使われた。

文字の屏風は名言や詩句、名筆家の字などを書いた。中国の唐の時代に政治家である房玄齢が、家には礼節がなければならず、権勢があればぜいたくになり傲慢になると言って、昔から伝わる家訓や戒めを記した屏風を一つずつ備え、座右の銘にしたことに始まる。韓国では百寿百福といって、寿、福の字をいろいろな形に変えて屏風に書いたりもした。これ以外にも儒教の礼儀作法を書いた朱子敬齋箴図屏風、三綱五倫を教える孝梯図屏風、文字図屏風などがあ

日月五峰図の屏風

る。

　花鳥屏風は最も好まれた屏風のうちの一つで、花だけを描いたり、鳥や魚などを一緒に描いたりもした。動物は必ずつがいを描いて夫婦和合を象徴させ、主に寝室に置いた。松鶴を描いた屏風は王妃の内殿で使い、鳳凰は天下泰平を知らせる神秘の鳥だと信じられ、屏風の題材によく使われた。鶏も、冠があり五徳（文、武、勇、仁、信）を備え、時刻を知らせてくれるだけでなく、明け方に魔を追い出してくれる縁起の良い鳥として好まれた。鴛鴦は夫婦仲の象徴なので常に互いに見合っているように描かれ、水と一緒に屏風の下段に描かれた。花の中でも牡丹は富貴の象徴で、公的な祝宴の際には牡丹を描いた大きな屏風を立てた。蓮の花は仏教の聖花で吉祥、梅の花は勇気と高潔、竹は志操、菊の花は長寿の象徴だ。

　図章屏風は歴代の国王の御璽または私印をあしらったものだ。それ以外にも、積み上げられた本を中心に紙、筆、墨、硯などを描いた書巻図、美しい自然を表現した山水図屏風などがある。

　日月屏の中でも日月五峰図または日月五岳図の屏風は朝鮮時代の王座の後ろに必ず飾られ、王権の象徴として重視された。中国や日本にはない韓国固有の屏風として装飾性が強く、泰平聖代への祈りがこめられている。

　日月五峰図は朝鮮時代宮中行事図にも登場するが、1706年粛宗即位30周年を記念して仁政殿で挙行された宴を描写した画軸「進宴図帖」に日月五峰図屏風が見える。以後、18世紀に制作された宮中行事も屏風にはすべて日月五峰図が描かれており、慈慶殿で挙行された行事を描写した「慈慶殿進饌図」にも登場する。宮中行事図は屏風や掛け軸に描かれ、一定以上の上流層にのみ分配され所蔵された。屏風は18世紀以後には上流階層でいっそう広く使われるようになった。

房帳──採光調節、保温、装飾用の垂れ幕

房帳は外気を防ぐために部屋の中にかける垂れ幕で、カーテンのようなものだ。

三国時代から使われてきたことがわかっているが、特に伝統社会では空間を臨時に区切るのに重宝された。壁ぎわの天井近くから垂らされ、部屋を仕切って小さい部屋を造る時にも使われたし、寝台の周りにも垂らされた。

中国で屏風や帷帳、簾幕が発達したように、韓国でも早くからさまざまな幕や帳が宮中を中心に活用された。「戊申年進饌図」を見ると空間を区切る何重もの幕や帳を段階的に設置していることがわかるが、民間ではどんな形で使われたかは確かめられない。一部の風俗図や昔の絵に時々現れた物を見ると、今日のカーテンに似ているように見えるものの、大部分は中国故事の生活の様子を描写した絵なので、はっきりとはわからない。今、残っている房帳は、ひだのない平坦な長方形だ。

房帳は採光調節と保温に装飾も兼ねており、夏用と冬用に分かれる。冬用は防風が最優先で布と布の間に綿を入れて刺し子にし、保温性を高めた。夏用は薄絹で作り、玉すだれや細い竹で編んだすだれと共に使われた。刺繍された房帳は繍帳または繍幕と言い、寝台の周辺にかけた房帳は寝張と言った。

房帳の形は長方形と正方形の二種類で、たいてい上下二枚組になっている。文様としてはコウモリ、龍、十長生および吉祥語紋である寿、福、寿福康寧などの字が使われた。文様は房帳において重要な意味を持っており、長寿と福を象徴し、家門や王家の権威を高める役割もする。房帳の大きさや文様は家の格によって細かい違いがあるようだ。

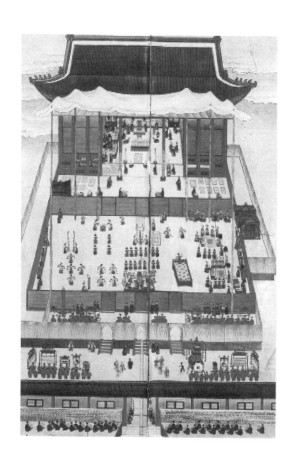

いろいろな幕や帳の見られる「戊申年進饌図」

実用性と装飾性に象徴性まで備えた朝鮮時代の房帳は上流層のための工芸品で、王家や班家の婚礼用品として好まれた。

房帳の材料も時代によって変わった。綿や絹で作った房帳は朝鮮時代初期によく見られ、毛や絨（綿のフランネル）の房帳は朝鮮中期以後に見られる。特に絨は織物のうち最も遅く輸入され、主として朝鮮末期の房帳に見られる。

房帳に使われた色は、赤、青、黄、白、黒の五色を基本として、五色から派生した色が活用された。地とふち、文様には二種類

寝帳

ほどの色が使われた。地の色は主に黄、赤、青、白の順に多く使われた。ふちと文様の色は青が最も好まれ、その次には黄、赤、黒の順だが、陰陽の調和のため地の色の補色を使うことが多かった。

房帳の文様はポリョ一襲の文様と似ていて、動物、自然の風景や幾何学紋などだったが、現存する房帳に、同じものが一つもないほど多様だ。このように作った人の独創性が発揮されているのが房帳の特徴だと言える。

屏風や房帳は、厳格な儒教の伝統に縛られた班家の室内空間に個性と生気を与えたポイントインテリアであり、実用性まで兼ね備えていた。特に当代の有名無名の画家たちの絵が描かれた屏風は、芸術を日常に採り入れ、美的感性を刺激する多目的インテリアだった。

5 敷物装飾

トッチャリ——座式生活に欠かせない、万能の敷物

トッチャリは韓国特有の敷物で、ワングルやイグサの茎を細く割って編んだゴザだ。ワングル工芸の一つとして発達し、夏の暑さを和らげる実用的な敷物であったが、床の飾りとしても使われた。

ワングルは栽培も刈り取りも簡単で、誰にでも編める。つるつるした表面には油分があって水があまり浸透せず、柔らかいから敷物の材料として好まれた。『三国史記』に、荷車を竹すだれとワングルで飾ったという記録があるところからすると、ワングルは三国時代には既に使われていたようだ。

トッチャリは室内だけでなく野外でもいろいろな大きさと形の物が使用され、農耕社会の必需品だった。ワングルで粗く編んだ物は穀物を脱穀したり、野菜や実を乾かしたりするのに重宝され、婚礼や葬礼など家の行事では中庭に敷いて客を座らせた。

また宮中でもよく使われた。行事がある時には座席にし、中央空間にも敷いて装飾も兼ねた。蒸し暑い夏にはポリョ一襲を、涼しいトッチャリに替えた。トッチャリはたいてい農家の副業として生産された。嶺南、湖南地方が主な産地だ。特に龍の文様をつけた龍紋席は全羅南道宝城の物が有名で、宮中にも納品されたという。その他にも別紋席、虎紋席、蘭草席など種類はさまざまだ。

また、同じワングルで作っても、編み方によってトッチャリとチャリに区別することもある。トッチャリはかますの編み機に似た機械に縦糸をかけておき、細く裂いたワングルを竹針にかけ渡し、筬を操作して編むが、チャリは縦糸をコドゥレトルという小石に巻きつけて支え棒に垂らし、裂いたワングルを当てて編む。トッチャリは縦糸が内側に隠れ、チャリは縦糸が外に出ているのが特徴だ。

民俗学者李能和は『朝鮮女俗考』の中で、高麗時代の「金持ちの家では編んだチャリを敷き、侍女たちが脇に並んで立って、おしぼりなどでこまめに世話をするから、暑い盛りでも、つらくないようだった」という記録にチャリが登場することを指摘し、湖巌美術館長を歴任したイ・ジョンソクも、チャリは11世紀高麗時代の記録に初めて現れるが、当時中国にも輸出されており、さまざまな材料で作られていたと明らかにした。

花紋席——ワングルを染めて文様をつけた高級な花ゴザ

　チャリの中でも最も上等で有名なのが、江華島を主産地とする花紋席だ。花紋席は染めたワングルを手で重ねながら編んだ後、花模様などさまざまな美しい文様をつけた花ゴザで、高級な室内装飾として活用された。

　夏には花紋席を敷いて寝たり座ったりすると暑さを忘れることができ、模様も美しいので装飾としてもすぐれ、座式生活の必需品として広く愛された。

　新羅時代にはすでに花紋席の生産を担当する役所があったという記録があり、生産を国家機関が担当しなければならないほど、需要が高かったことがわかる。高麗時代には外国にも広く知られ、高麗人参と共に、主要な輸出品または贈答用品であった。宋の人々も高麗の花紋席を欲しがったそ

ワングルの座布団

うだ。

　北宋の徐兢は『高麗図経』の中で、花紋席について「精巧なもの
は寝台や平床（座ったり横たわったりするための木製の台）に敷き、粗い
ものは地面に敷く。非常に柔らかく、たたんだり曲げたりしても傷
まない。白と黒が交じり合って模様をなし、へりは青磁色だ。寝台
に敷くものは実に素晴らしく、ただ驚くばかりだ」と激賞してい
る。

　朝鮮時代になると花紋席の需要が急増し、外国人もいっそう愛
好するようになり、『通文館志』によると、冬至使行の時、中国に
贈った花紋席は 124 枚に達したそうだ。

　花紋席は多様な名称があり、満花席、黄花席、雑彩花席、龍紋簾
席などとも呼ばれるが、江華島のワングルの花紋席が最上等とされ
る。形はほとんど正方形や長方形なので、文様を工夫して個性を出
す。大きさは産地と職人によって違うが、普通 15 × 21㎝、18 ×
27㎝から 24 × 34㎝まで、奇数の
尺を基準にして作る。

　花紋席は主として内房、舎廊房
に使われ、大庁や他の部屋には竹
のチャリや草席（ワングル、コガマ
などで作ったゴザ）を敷いた。特に
祭祀や葬礼には必ず祭祀の供え物
や賓庁（高官の会議室）の前に敷い
て儀式を行うほど、花紋席は時代
を超えて愛された。

花紋席

05　班家韓屋の伝統インテリアに見る韓国人の美意識

　韓国の美的特徴は、中国や日本と同様、長い歳月にわたって溶け込んだ固有の美意識の総合的表現だ。伝統インテリアを装飾した多くの要素が、部分よりは全体に対する調和や機能に気を配っている。

　朝鮮時代の生活環境、思想などの影響を受け、韓国の人々は、自然尊重、調和と平和を好む善良さ、一体感と包括精神、受容と変容に柔軟な生命力と多様性、余裕と深みといった感性を育んできたと言われている。

空間の造形的価値認識

　韓屋の木造建築の技法は中国から伝来したが、韓国特有の方法で定着した。地形を生かした韓屋は、建築主の要求や家族の特性に合わせて造られた。また、各部屋の大きさや全体の平面構成が生み出す外観は、同じく木造建築である四合院や書院造とはまったく異なり、インテリアにも違いがある。空間の造形も、四合院のように定型化されず、書院造のように儀礼と接待に重きを置いて家族に狭苦しい思いを味わわせることもない。

　インテリアの要素も実用性を逸脱しない。実用的で堅実な物を作ることに焦点をしぼり、機能性、実質性、堅実性、健康性があることを前提にする。そのため、一見するとおおまかで親しみやすいように見えても内部構造は堅固で強靭だ。一例として、窓戸に貼る韓紙は、柔らかいけれど、500年も持つほど強い。

さらに、実用性だけではなく形而上学的な価値も重視していた。人間と共感できる精神的意味や、生活と関連した象徴的価値を内包する時、物はいっそう意味深くなり、長い生命力を持つからだ。つまり物に生命感を与え、人間と同質的な関係を形成することによって調和させようとしたのだ。美術史学者・高裕燮（コ　ユ　ソプ）も、韓国の伝統造形の特徴として、象徴主義と精神美を強調している。

　ただし、儒教が国の理念となって多くの倫理や道徳が要求されるようになると、国は国民に対して、ぜいたくな装飾を禁止した。そのため韓屋は四合院のような華麗さはないが、空間構造に現れる美的感覚や表現はすばらしい。

　班家韓屋における棟の分化と配置は、領域別空間構造の機能をよく具現している。オンドル部屋の清潔感や大庁の木組みの露出の自然美、楼マルの格調高い空間構成や外観の美しさなどが、それぞれの役割を果たしながらも、全体によく調和して美しい。

　特に最も大きい母屋の中庭は、ずっと家の中で過ごす女性たちの息抜きの場として、空間的価値を持っている。

線的な面分割の独創性とデザイン

　韓屋の空間調和には〈線的な面分割〉という共通したデザイン原理が存在している。特に窓戸や家具などに、二面分割による線的造形が目立つ。

　韓屋を構成する部屋の三次元的面構成はまた、内部の窓戸によって分けられる面分割につながり、室内の家具とポリョにおいて、またそれぞれの面分割が美しい線的造形をなす。この段階では線は一つの要素に過ぎず、造形的な面の構成が、装飾美の核となっている。中庸という観点から全体の調和を図り、この調和をまた温かい感性で引き出したことは、韓国の伝統インテリアの特性の一つだ。

同じ脈絡で、韓屋のインテリアの面分割を通じた線的造形にも、温かく深みのある感性が内在している。これは、高度の技術によって生み出されたものとはまったく異なる。韓屋の入母屋の屋根の流麗な線や窓戸の格子、多様な木製家具や調度品は、単に暮らしの中の装飾ではなく、芸術的な美しさを備えているからだ。

　このような線的構成において、直線は一つの要素に過ぎず、造形的に構成された面が、重要な装飾になる。イム・ソクチェは、韓屋の芸術的統一性を示すものとして、韓屋の立面を挙げた。芸術的統一とは、一つの共通モチーフを建物のあちこちの状況に合うように変え、似ているようでいても各自の個性は残したまま、総合的な調和を図ることだ。韓屋の全景が、三次元的な塊が集まって調和した結果だとすれば、立面は漆喰の壁、柱と梁、窓戸など二次元的要素が集まって調和の美を作り出していると指摘した。

　また分閣門と連窓門などの窓戸は、空間の季節ごとの使い方や機能を考えて作られたものでありながらも、造形的に優れている。分閣門は夏に風通しを良くするための設備だが、その発想は実に鋭い。広い意味では空間構造の開放でもある。

ジェンダー別インテリア様式美

　韓国の装飾美について認識を新たにすべきなのは、内房と舎廊房の様式の差だ。韓屋の内房と舎廊房のインテリア様式は定まっていた。家具のデザインを性別によって変えるなど、男女の美的表現を別にしたのは、韓国だけの造形様式だ。儒教の規範に従って男女の領域を分けるという考え方が家具にまで適用され、〈ジェンダー文化〉の二元的発達と、その芸術的な成果を創出した。

　ポリョは内房と舎廊房において、インテリア装飾の中心となる。最も年長の者が座る場所を表わすポリョ一襲はアレンモクに置き、

その向かい側に座布団や部屋の側面に合う家具を配置する。

　窓戸がある側には背の低い文匣を対で配置し、籠、欌、枕元用の欌などは大きさや規模に応じて空間との調和を図り配置する。最高のインテリアである四方卓子は、隣の部屋との境界に立てる。このように、内房には、家具を始め女性と家族の幸せに対する願いを表わす装飾がされる。舎廊房は儒教的な理念に合うよう、儒者の学問的理想のための、地味で素朴な家具やインテリアで装飾する。屏風もまた、重要な背景装飾だった。内房には女性たちに似合う花鳥図や彩色の絵が、舎廊房の屏風には四君子や書芸、派手さのない山水画などを利用した。

　こうした行為には、性別によって装飾を変えるという以上の意味がある。陰陽五行思想の実践という意味もあるだろうが、男女それぞれに対する理想に、より重点を置いた美意識なのだ。個人の衣装や物品ではない空間インテリアに男女別の装飾をするという考え方は、他の国には見られない。

家具デザインの造形美

　韓国の家具は種類がたいへん多い。収納はもちろん、食事と勉強のための日常家具、祭祀と儀礼のための非日常家具、室内装飾を兼ねたインテリア家具などを、必要に応じて使用した。

　韓屋の家具は座式生活に合うようにできている。家具の大きさや使い方、デザインは、すべてオンドル部屋や窓戸の大きさを考慮したものだ。固定的な家具とは違って、日常の食事のための小さな膳は、使用者の数や関係によっていろいろな違いがある。また一人用の膳は持ち運びしやすい構造と大きさになっており、代表的な食卓だ。班家から庶民に至るまで最も普遍的な収納家具はパンダジだ。座式生活での衣類の収納と出し入れに便利なそのデザインは、現代

でも賞賛されている。

このようにすべての家具は、収納する物によって、扉の開閉方法や引き出しとの調和などを考えてデザインされた。班家韓屋でよく使用した欌や籠、四方卓子などは、螺鈿やファリュ欌のような華麗なものもあるが、大部分は素朴で単純ながらも韓屋空間にふさわしい機能性と調和するようにして、堅固で深みのある美しさを作り出した。

さらに男性と女性の家具を区別し、それぞれに合う意味や象徴表現を形にしている。

屏風装飾の知恵

屏風は韓国人の暮らしに欠かせない背景装飾だ。空間を区切ったり遮ったりすることが基本的な役割ではあるが、何よりも目的に合わせた絵を選んで使用した。婚礼や還暦などの慶事には花や花鳥図を、祭祀には書や水墨山水画など彩色が排除されたものを使用し、内房には花鳥図や四君子、舎廊房には書や山水画をよく使った。

韓国で、使用者や目的に合わせて空間を可変的にかつ美しく活用するために屏風を使い、しかもどの国よりも積極的に使用して発達させたのは、驚くべきことだ。片付ければ空間の余白をよみがえらせることができ、開けば空間を華麗に装飾できる屏風を使うということは、空間を積極的に活用し、また空間に調和的な態度を取るということだ。また、目的によって屏風の絵を選ぶのも、やはり日常生活と美的表現を大切にしていたことを意味する。中国では屏風が間仕切りに目的をおいた板材型で、日本では最上層だけが使用した特別な品だったのに比べ、韓国では大衆的なインテリアだったという点は、特筆に値する。

このように韓屋のインテリアの美的表現は非常に多彩だ。特に流

麗な屋根の線、家の内外の装飾を主導する窓の格子の文様、機能性と優れた空間感覚を示す分閤門や、連窓門、ヒューマンスケールの石造物や塀、独創的な面分割と秩序の美が表れた家具、機能性と装飾性を兼備したポリョ一襲とゴザ類、芸術を家の中に導入した屏風や房帳などは、インテリアの主要要素だ。

　空間を仕切りつつ豪華に装飾する屏風を片付けると、すぐに元の空間をよみがえらせることができるが、このような本来の余白を尊重する態度は、自然そのものの姿を尊重する韓国人の特性から来ている。そうした点で韓国人は屏風の機能よりは、絵や文の持つ教化的で芸術的な面を好んだと思われる。

　インテリアは生活の中の装飾にとどまらず、それぞれ芸術的な美に昇華された。伝統的なインテリア要素は、それぞれ造形美を持ちながらも全体的に調和し、機能が統合される。

　線的造形の感性は、過度に人工的な装飾でもなく、美しさをおろそかにするのでもない、深い温かさを持っている。こうした温かさは〈中庸〉の視点で、適切な調和を遂げる。これまで韓国美術の個別的芸術性に対しては、素朴さや自然美というふうに解釈する向きが多かったが、伝統インテリアを総合的に眺めると、むしろ積極的でレベルの高い美的感受性が感じられる。

　韓屋は日本や中国の家屋とは大きく違う。四合院が同じ原型によって造られ、装飾も一律的なのに比べ、韓屋は合理性と機能性を優先している。また、客のための空間を重視する書院造とは違って、家族の生活を尊重した。

　そのため韓屋の伝統インテリアに最も多く現れているのは、実用性を基本にして男女それぞれを尊重し、愛のこもった調和を図ろうとする芸術的態度だ。それは空間や暮らしに対する理解に基づいており、その理解が、より積極的な意識をつくったのだと思われる。

5 3ヵ国の伝統的インテリア装飾の特性と比較

01 日中韓伝統的インテリアの特性

　本書では、日中韓の伝統的な家屋とインテリアを、中国の四合院、日本の書院造、韓国の班家韓屋を中心に考察した。

　これらの住居類型と伝統インテリアは、その時代の上流階層に属する。各文化圏の装飾を比較する作業は、経済という変数に大きく左右されると不可能になるためだ。これはある意味では、物質というものに対する人的、物理的表現の限界と所有の調節でもある。その理由は、昔も今も人のすべての行為は衣食住を基本としており、社会経済的な状態が最上位にある人々は、衣食住も最上のものになるからだ。その中で〈食〉と〈衣〉は人の個性によって大きな差があるが、〈住〉はその時代の工学技術が持つ限界と普遍性の中で、家族という集団が持つ規範に制限されるため、同じ文化圏の中では同質性を持たざるを得ない。

　イーフー・トゥアンは「すべての人は自分の世界の中心におり、周りの空間は身体の構図によって分化する。人が動いたり方向を変えたりすれば周辺の地域の前方－後方と、左側－右側も動き、変わる。しかし客観的な空間もやはり、こうした身体的価値を持つ。小さな部屋から大都市に至るまで、しばしば前方と後方が現れる。大規模の階層社会では、計画、設計そして装飾などによって空間的位階を生々しく表現することができる」と言った。

　家は家族集団、すなわち家門の表現であり、身分社会に現れた室内のすべての装飾は、その当時の上流階級が個人の身分を最大限に

誇示したもので、人が羨むものの一つだった。しかし彼らの美意識や美的表現は、やはり集団の同質性の中で発揮された。

　現存する建物の多くは近代産業革命の産物だが、それ以前の家は、すべて自然の材料と職人の技術によって造られていた。

　中国の木造技術は二、三千年間にわたって発展し、周辺国に影響を及ぼしてきた。韓国と日本はその技術を導入し、自国の環境や条件に合わせて変化・発展させた。そのため東アジア３カ国は、同じく木造であっても、住宅の外観や配置はもちろん、内部空間の構成や空間の使い方などにおいて、大きな差が生じた。空間構造の差は自然環境や生活様式が、空間の使い方には政治思想が大きな影響を与えた。

　四合院は秩序に従った配置、班家は朱子学による男女の礼節、書院造は武家社会の人間関係を重視した。これらの規範は、日常空間のインテリア装飾や美的表現に対する態度にも違いをもたらした。

1　日中韓のインテリア要素

中国

　中国では正房（母屋）を中心にした左右の建物、院子（中庭）の植栽、住宅外観の窓や戸、正房内の家具、壁面の絵、テーブルの上の装飾品、それに家具のデザインなどが左右対称に配置されており、軸と対称的秩序が重要なデザイン原理だった。伝統インテリアの装飾美を示す要素は、次のとおりだ。

　　−窓や戸と、格子の文様の類似的形態
　　−椅子やテーブル類の発達と形態
　　−赤を基調にした室内の彩色
　　−間仕切りとしての隔扇や罩の発達と形態

－木材彫刻の技術と表現

　こうした要素によって四合院に表現された美的特性は次のとおり
だ。

　　－基本パターンの抽出と反復的表現
　　－立体的彫刻技法の面の構成と、空間を満たす表現
　　－空間の軸を中心に対称に配置してバランスを取る意匠化表現
　　－空間に対する秩序と規範的表現
　　－理想的思想と表現に対する即物的で積極的な適用と表現
　　－文様と色彩の吉祥表現

　日本
　日本では上流家屋の空間構成が、武家のタテ社会と結びついてい
た。そのため住宅内のインテリアの核心が、家族ではなく社会権
力、すなわち他者のための空間として発達した。そうした中で発達
した伝統インテリア要素は次のとおりだ。

　　－畳と窓や戸の直線交差と面の分割
　　－床の間の発達
　　－襖絵と障壁画の発達
　　－欄間と明かり取りの形態
　　－白い障子と外観
　　－廊下と板の間

　こうした要素によって書院造のインテリアに現れた美的特性は次
のとおりだ。

―直線的で規格化されたパターンの反復的表現

　―意図的な装飾的意匠化の表現

　―空間の重層的構成と表現

　―抑制のきいた色彩

韓国

　３カ国の中で最も家族中心的で、伝統インテリア要素が多いのは、韓国だ。韓屋は空間構成や配置も自由であり男女の空間を分離するという礼法は、空間と家具の類型を二元的にした。班家韓屋から抽出した伝統インテリア要素は次のとおりだ。

　―オンドルとウムルマル

　―窓戸の格子のさまざまな文様

　―分閤門と連窓門

　―多様な家具

　―ポリョ一襲と座布団、花紋席

　―屏風と房帳

　こうした要素を利用して班家韓屋に表現された美的特性は次のとおりだ。

　―面の線的分割に関する多様な造形美の表現

　―機能と感性の調和美の表現

　―内房と舎廊房の様式化表現

　―空間の中心性と使用的秩序の表現

　―空間の可変的使用や、要素の彩色と装飾性表現

　―文様の吉祥表現

2　伝統インテリアに表現された美の主要な属性

３カ国の伝統インテリアには共通点もあるが、たいていは異なった属性を表している。

四合院の彫刻装飾と彩色
中国の四合院住宅には、生への率直さ、そして自然や宇宙との共存という意識が、多くの影響を与えてきた。人間の生への愛情は、自然を尊ぶ陰陽思想に由来していて、幸福を願うことすら集団の秩序意識の中にあり、これがさらに対称というバランスの美学にもつながっている。この願いは個人のものではないため、誰でも堂々と表現してよい。

優れた木工技術によって、建築、窓戸から家具や箪に至るまで、日常生活は美しく飾られた。彩色に五方色をふんだんに使用するのは、家族が共に暮らしていることをはっきり認識させるためだ。

書院造のデザイン美
日本の書院造は、他者のために発達した空間ではあるが、床の間を通して繊細で美しいデザインが完成された。

空間の役割よりは、宗教的ないし社会的な意味を象徴することを重んじてきた歴史の中で、〈うつろい〉のような感性が、見えない物理的空間の美をいっそう豊かにしたと思われる。日本の伝統インテリア装飾の美しさをひと言で表現するなら、〈感性的な秩序の美〉だ。人為的な序列や秩序の中で自らを抑制しながらもその秩序の中に現れた女性的なものや生命への敬意、そして自然を通じた人間愛的な美が入り交じりながら続く繊細な感性美が、室内空間に表出されていたからだ。

班家韓屋の人間美

　韓国の班家韓屋では内房と舎廊房のインテリア装飾様式がはっきりしている。これは男女それぞれに理想的な意味を与えることに重点を置き、家具などがすべて違う美しさを表現し発達したという点で、独特だ。特に木製家具に表れた面分割の線的造形は、完成度が高く、かつ温かみを感じさせる。分閤門と連窓門などの窓戸はもちろん、多種多様な家具、ポリョ一襲と花紋席などに至るまで、どれも実用性を意識して作られており、しかもその造形美が全体として調和している。さらに、それぞれの要素は、単なる装飾ではなく、芸術に昇華されている。

　韓屋伝統インテリアは、機能と造形を重視し、男女の礼節に配慮しながら、温かい感性との調和を実現しようとする芸術家たちの作品だった。

02　日中韓の美意識比較

宇宙観と美意識

　李宗桂は中国伝統文化の核心は中国哲学、特に古代哲学にあると述べた。さらに、これに始まる文化類型は中国民族の価値観や思想、精神などを内包していると考えた。

　西洋人たちが文学と芸術を早くから分け、別個に発展させてきたのに比べ、中国人はいつも背景との調和美を重視し、未分化を追求した。これは農耕社会という背景と密接な関係がある。なぜなら農耕社会の属性は労働集約的で、複数の人が周りとの関係を重視しなければいけないためだ。ここから生まれたのが中国の〈礼〉の文化だ。礼は祭祀から日常生活まですべてのものに対する総称、かつ行為規範であり、〈楽〉と共に美学に関わっている。

　中国の美意識は、現代のように美しさを最終目的とするのではなく、秩序と調和する美しさだった。パク・ソクはこれを、背景との調和を重視した、美の追求であると表現した。

　中国人は建築や造形でも自然環境との調和を重視した。建築や造形自体の規模や人工的美しさを優先して周りの環境との調和を壊すのではなく、全体との調和を重視した。

　このような意識は、現在では理解しづらい。美意識はもちろんのこと、美についての概念と基準自体が混同されるほどだ。言い換えれば東アジアの伝統社会に現れた〈美〉に対する概念と基準は、今と違っていたことを理解しなければならない。

中国の古代哲学と思想は、韓国、日本など近隣の国に大きな影響を与えてきた。そのため伝統社会での美意識の根幹を探れば同質性があるのは否めないが、それでも３カ国は長い歴史の中でそれぞれの文化を花開かせてきた。

　このように深い思想的見地からすれば、住宅の内外の装飾などは、取るに足らないようにも思える。しかし家を基盤とする日常が人間本来の暮らしであり、人間が宇宙の中心だという考えは、東アジアに共通していた。

中国と韓国の美の違い

　中国の伝統庭園は、取り囲んでいる主体の間に共通する美的経験を基盤としている。こうした美的共通分母は中国の芸術全般を貫流する美意識として、〈意境（芸術作品に表現された境地、情緒）〉を重視している。これは芸術家や鑑賞者の美的境地で、建物の美的価値も建築物自体にあるというよりは、鑑賞者が立ち止まったり歩いたりしながら観照することによって見出される。また、回廊と廊下は空間と空間を連結させるが、絶えず折れ曲がり、鑑賞者の動きによって多様な景観を演出するようにしていた。これはパク・ソクが美術に関して指摘した、西洋絵画が主に焦点透視を重視したのに較べ、中国絵画は散点透視（焦点が一カ所ではなく数カ所にあること）ということと一致する。

　一方、中国人は日々の生活の中で起こることを、天になぞらえるのが好きで、〈礼〉は天地の秩序であり、〈楽〉は天地の調和だと主張する。天地の間に差と調和があるように、人間世界の中にも差と調和がある。だから礼と楽を盛んにするには、天地の調和と秩序を知るべきだという。

　韓国も中国の古代思想を持続的に受け入れ、宇宙秩序や自然の摂

華麗な彩色の文様で飾られた中国陶磁器
繊細な文様の日本の陶磁器
文様のない韓国の満月壺

理を重視し、『朱子家礼』を国家の手本とした。規模の差はあるが、宮殿の配置や建築技術はもちろん、彩色や文様も影響を受けたため、韓国と中国の建築物の外部的表現には多くの共通点がある。ただ思想の根底は同じでも、生活様式の差によって、徐々に違いが表れた。

　中国の住宅が宇宙の秩序に忠実であるとすれば、韓国の住宅は家族の生活を中心にしていた。そうした点から韓国は３カ国の中で最も実用性を重んじた。男女別の空間の分け方が平等ではないように見えるが、当時の社会においては、むしろ女性たちのプライバシー保護に最適だったかもしれない。物理的空間というより、社会制度による抑圧が問題だったのだ。オンドル部屋の衛生機能や母屋の大庁の重要な役割、楼マルなどの優れた空間構造は、日常を大切にしたことの表れであり、また美しかった。

　パク・ソクは著書『大巧若拙』において、中国の思想的美の根底にあるものとして、老子の〈大巧若拙〉を挙げた。宋代に花開いた〈大巧若拙（大巧は拙なるがごとし。非常に巧みなものは、かえって雑に見える）〉は深奥な美学思想で、優れた技巧と素朴な美の関係だが、この中に循環と復帰の概念が入っていると強調した。つまり宋代の建築のように、雄壮であるよりは細やかな美しさを重視し、厳格で端正な建築よりは曲がりくねっていても統一性のある美を追究し、大自然の情趣を家の中に取り込んだ園林建築が本格的に流行したのも、大巧若拙の美学に影響されたものだという。

　パク・ソクは、自然との調和美は大巧若拙の拙と関連しているが蘇州の〈拙政園〉のような園林も、人間が自然を眺める視点や調和美を重視しているとしている。しかし大巧若拙を最もよく理解していたのは、中国よりむしろ韓国だったという。韓国と中国を比較すると、全般的に規模や派手さでは中国が勝るが、深く静かな味わい

では韓国がずっと優れていた。つまり韓国は中国文化の中から一つの精髄を受容し、深め、発展させた。特に大巧若拙が深みの美学だという点を考えれば、韓国が中国よりも大巧若拙の本質をより深く理解していたと言えると主張した。

　陶磁器には、日中韓３カ国の美的感性の差が如実に表れる。中国の陶磁器は華麗な文様に満ちており、日本の陶磁器は繊細な文様で飾られている。これに較べて韓国の陶磁器は余白が多い。青華白磁の全体の線と高雅な姿は、美の品格を示しているし、何の文様もない月壺は、大胆ながらも質朴な美しさを完成している。パク・ソクが指摘した〈大巧若拙〉の意味を、こうしたところから理解することができる。

日本の美は重層性の表現

　日本は中国や韓国と違って島国であり、〈文〉ではなく〈武〉の国だったために大きな差がある。文の複雑な社会背景や美意識に比べ、武はある意味では複雑ではなく、ひと目でわかる文化になり得る。

　降雨に備えた住宅の屋根の急勾配や、通風を重視した開放的で可変的な戸は、すべて実用を優先したものだ。これに比べ畳のへりが象徴する身分や、家の内部の見えない移動軸の定められた方向、賓客のための部屋の装飾とその前の庭園造成などは、武家社会が作り出した視覚的で物理的な位階の美学だ。先祖から受け継いだ生命尊重思想を重視した韓国や中国と異なり、日本は生命を尊厳ではなく美学思想に変えてしまった。儒教を受容しながらも、神道や仏教の方が盛んだった日本は、来世についての確信よりは、〈武士道〉によって主君に対する忠誠の表現であった切腹まで、美学思想に昇華させた。

イ・サンオプは日本文化の特徴として、多宗教的な〈重層信仰〉を挙げ、それが視覚的感性文化と日常の美意識に浸透していると指摘した。日本人は自ら、日本は思想的文化ではなく感覚的文化、高尚な言葉で言えば、感覚的知性だと言う。イ・サンオプはまた、日本人がよく使用する、〈四十八茶百鼠〉（訳注：江戸中期に流行した茶色と鼠色のバリエーション）という言葉は視覚の繊細さを意味しており、同系統の色彩を細かく見分けたいという欲求が、日本人の美意識と視覚的感性の原点だと指摘した。そして時代ごとの象徴的文学用語として室町時代には〈わび〉、〈さび〉、江戸期には〈いき（粋）〉があった。粋な色は〈ねずみ色〉〈藍色〉〈茶色〉の中に求められた。〈わび〉〈さび〉を表す色としては〈紺色に近い色〉〈牡丹色（赤紫色）〉、〈鴇色〉、〈鮮明な緑黄色〉、〈トカゲ色〉つまり光沢がある暗い青色を例に挙げる場合も多いという。こうした色はたいてい中間低彩度の色であり、憂鬱で、明るい色彩ではない。日本人はこうした色を〈渋い〉と言って愛好する。これをイ・サンオプは抑制された色彩を好む結果だと考えた。

このような観点からすると、日本の美意識は過度な技巧を減らした高雅さのための節制美だとみるよりも、抑制された美しさだとみなければならない。

こうした事例は今も見られる。大都市でも都心の商業ビル地域を除いた日本の住居地は大部分が灰色であり、そうした灰色の地帯で目立つのは、神社の赤や高くそびえる城の白壁だ。

日本と韓国、美の違い

自然に没入することを目指して風流を自然そのままにした点では、韓国と日本は共通している。だが、韓国人はあるがままの自然を愛し、日本人は人為的な自然を愛する。

韓国の自然観は自然に向かって進む拡大志向で、日本は自然を自分の傍に引き入れる縮小志向だ。日本の美の余白の本質を理解するためには芸術の縮小化を語らねばならない。最小限のものだけ残し、残りは空白にしておくのが、究極の凝縮だ。そして凝縮された美を一層凝縮させることは最上の美を求める戦いだ。不要なものを除去して凝縮し、本質だけになれば存在の動きが強くなる。つまり縮小志向とは文化を創る想像力の作業を意味する。

　そして日本の美学を語る時、水墨画、茶道、文人画などの象徴性がよく挙げられるが、そうした純粋幾何学的抽象形態は、枯山水の庭園造成方式と脈絡を同じくする。しかし韓国の山寺は地勢に従って造成された建築物に対する期待と共に、自然な移動を誘導する。本来、日本の美意識においては、昔から永遠の執権者の家族の繁栄と浄福祈願から、永遠が由来するという。そしてこの永遠には不滅、変化の二つの視点があるが、結局、永遠の存在に対する疑いと不安、絶対的な物象の否定が日本人の自然観であり、美学なのだ。そのため日本人は建築を変化するものとみなし、変化を建築や空間に求めようとした。完全で安定して均整が取れて静的で永遠なものよりも、不完全で動的で一時的な空間を求めたのだ。季節と事物に対応する、視覚的で変化する空間を創出しようとした。

　しかし韓国人はこれとは対照的に、自然をただ観照するものだと思っていた。言い換えれば日本人が微妙な自然の変化が作り出した無常とそれに基づいた自然に対する感覚を持っているとするなら、韓国人は単調な自然が作り出した無為性とそれに基づいた、ありのままの自然観を持っている。

03　日中韓のインテリア装飾比較

1　装飾文様

　文様は人間特有の象徴的思考の産物で、装飾の属性を最もよく表す。

　中国の装飾文様の特徴は一貫したパターンの反復で、中華民族の同質性を追求する美意識の反映だ。幾何紋や植物紋、吉祥紋などがあり、特に龍紋を好んだ。龍が福をもたらし災いを退けてくれると信じる中国人は、自分たちを龍の子孫だと考えて龍を敬い、芸術のテーマにしてきた。

　龍紋は韓国にも伝わって王の象徴とされ、宮殿の屋根や天井、そして王の服装にも使用した。民間では新郎新婦の婚礼服にのみ許された。韓国人も龍紋を好んだ。

　しかし日本では中国や韓国とは異なり、龍紋はあまり見られない。天皇と皇室の紋章は十六枚の花びらの菊だ。大名たちもそれぞれ自分の家紋を作った。

　龍紋の次には吉祥紋が多く使用された。吉祥紋は福・禄・寿と関連したイメージを図案化した文様で、文字や動植物の形やイメージなどを借用し、縁起の良い漢字も装飾文様にした。

　漢字では寿・囍（双喜紋）・福・卍などを主に使用し、四合院ではこれらの字を家の中のあちこちに彫ったり書きつけたりした。韓屋では家の中には使わず、年の初めに〈立春大吉〉と書いて大門に貼

る程度だった。しかし寝具にはこうした文字の文様をよく使った。ポリョや枕などに刺繍したり、寝台や花紋席にも使ったりした。〈囍〉の字は、格子や日用品の装飾に活用した。

　植物紋も多く使用したが、特に富貴を象徴する牡丹の花の文様は、屏風や絵、扇子などさまざまな所に使用した。子供を多く産むので縁起が良いというコウモリの文様は建物や家具に多く使われた。韓国では蝶と共に、女性の家具の飾り金具によくあしらわれた。また韓国では太陽と月、亀、鹿、霊芝などの十長生紋を好み、屏風には鳥や草木、雲などの文様を活用した。

　吉祥紋は中国で最も多く使われたが、日本ではあまり使われなかった。

2　建築構造の特性

　３カ国は共に木造架構式建築物が大きな比重を占め、また相互に影響を与え合ってきたため類似点も多いが、構成様式など多くの点で異なっており、空間によって形成される情緒には差がある。

　中国建築は壮大で雄壮な雰囲気が強く、日本の建築が機械的で鋭いとしたら、韓国の建築は中庸で、端正でありながらも素朴だ。

　木造で重要なのは何よりも屋根だ。屋根は木造家屋の外観を保護するのに絶対的だ。日本語の〈屋根〉が〈家の根〉を意味するのも、雨から木造家屋を保護しなければならないからだろう。そのため日本の屋根は最も傾斜が急で、曲線は少ない。

　中国で屋根は、建築物を大きく見せる手段として重要だ。中国の屋根にはいろいろな種類がある。蘇州などの江南地域で見られる、端がそり上がった楼閣の屋根は日本や韓国にはないもので、鋭い感じさえする。

　韓国は韓屋の入母屋造りが代表的だが、屋根の形は、軒の緩慢な

中国の恭王府の瓦の龍紋

曲線が優雅で美しい。家の本体を保護するため、屋根の軒はすべて立面の外に張り出している。この点は木造住宅すべてに共通している。日本は高温多湿な海洋性気候で、屋根は大きいが単純な直線と急な傾斜、ひさしなどの活用が特色だ。

四合院の実用構造と装飾

　中国人の空間概念は、中国古代哲学の原理に関わっている。古代中国において空間とは、単に物と物との間隔や何もないことを言うのではなく、もう少し次元の高い、宇宙、世界、自然、人間そして人間と自然との関係という抽象的な概念を含んでいる。従って空間の概念はさまざまだが、空間構成の内向性と閉鎖性、空間の蓄積・位階的構成、余白や空いた所を強調する空間構成、実体的なものと空白の並立などに整理することができる。

　中国も家の屋根はたいてい、韓国や日本のような灰色の瓦を使用した。しかし皇帝の住居であり中華思想の中心であった紫禁城のような宮殿は、華麗だった。屋根は黄色の瑠璃瓦、塀には緑や青や赤などさまざまな色の瑠璃板を付けた。屋根の形は時代によって変わったが、瑠璃瓦を使用して彩色や反射による視覚的効果が大きくなるにつれ、屋根の形は簡潔になってきたという。

　そして木造建築が発達し、木材と土を保護するために住宅の壁の下段にレンガを使用し、木には塗料を塗るようになった。丹青という顔料が作られると、宮殿ではない上流住宅の外観や回廊の木材にも華麗な彩色をするようになった。朱塗りが強烈な印象を与えるのが、四合院の特徴だ。

　世界で中国建築を研究する人々は、中国建築の結構と構造上の力学、そして美学の結びつきを賞賛している。リ・ウィチャンは、これが〈実用すなわち美〉という概念に一致すると指摘した。つまり

木造建築は、力学はもちろんのこと、木材に理想的な通風を可能にし、かつ美しいからだと言った。

韓屋空間の線と面

　韓国はなだらかな山が多く、小さな丘陵が起伏した準平原で、建築物が高すぎたりボリュームがありすぎたりすると、環境になじまない。そのため背景としての山と、小さな丘に建った建築は中庸的な関係で、人間的な尺度の建築を成すようになった。これには陰陽五行論が一役買っている。したがって韓国の伝統家屋は、自然に逆らわず自然と人間が共存する生活を中心にした、開放的な構造となった。

　韓国の伝統建築の特徴は、ゆったりとした線で構成されていることだ。基壇の水平線と柱の垂直線、そして柔らかな軒の線と屋根の棟の線などが調和し、さらには屋根瓦や窓の格子まで加わって、美しい統一感を出している。

　もちろん中国と日本の木造建築も線的構成だ。しかし中国の柱はたいてい木材面を麻布で包みその上にしっくいを塗っているので、韓国の木柱とは雰囲気が異なる。また中国と日本の障子は、障子紙を外の面に貼るという点で韓国とは違う。

　このほかにも韓国の建築の特徴としては、棟の分化と増殖の可変性、庭と門と塀の連続性と統一性、位階制と非対称、積極的空間と消極的空間の交差反復、開放性と閉鎖性、相互浸透性などが挙げられる。

書院造の空間構成は見えない境界

　日本の伝統建築は古代から近世末に至るまでずっと木造だったため、技法が洗練されている。住宅の外観や内部は単純かつ直線的

で、外観は垂直線を強調せず、主に水平的だ。特に屋根の軒が突き出ていることが多く、深い陰影が生まれる軒の水平線を強調し、彩色はほとんどせずに木材の良さを生かしている。

　平面構成の基準は柱と柱の間の間隔である〈間〉だ。住居の前方は儀式、後方は日常生活のための空間とし、それぞれの空間は障子で区切る。柱は障子を設置しやすい角柱が主で、部屋には住宅構成の基準尺度になる畳を敷いた。

　空間の上下や内外は位階を表わし、南北、東西の二つの軸を利用して空間を公と私、身分の上下によって分けた。

　建物の入り口は屋根の棟と同一方向に設置するので、空間はより奥深くなる。これについて李御寧は、狭いために却って心が安定し、ウサギ小屋のような狭い空間だからこそ、精神を集中し宇宙を見る禅の悟りが体験できると評した。月日が経つにつれ、そうした狭いユニットの数が増え、内部空間と内部空間の間の外部空間や、内部空間の外縁などの外部空間が内部空間に変化し、自然に屋根も大きくなり空間も深くなった。こうした内部空間への進化は、空間美学の根拠になる。

　日本の窓はひさしと縮景のため、主に近くを見下ろすようになっている。雪見障子は、外の自然を内部に引き込む。

　日本は長い武家統治下で形成された社会の雰囲気により、自然現象を変化の利那として把握し、現実的なものに重きを置くため、全体よりは部分を描写し、自然を凝縮して人間の傍らに取り込む。したがって日本の伝統建築においては、外部空間が次第に内部空間化し、迷路のように連結されて巨大化した。そして内部空間でも身分による空間区分、つまり境界が設定されるようになった。

装飾の許容と禁止

　中国は唐代から貴族たちが建築を競うようになったという。そのため朝廷は建築物の等級と規格を明文化し、「王公以下の玉舎（住宅）は二重の軒を作ってはならず、三品以上の堂舎（住宅）は５間７架（架は垂木）を越えることはできない。……庶民が建てる堂舎は３間４堂を越えてはならない。……儒者と庶民の公私第宅（建物）はいずれも楼閣を高くして隣家をのぞき見ることはできない」とした。唐代以後の法的制限は階層別に、さらに細かくなったと思われる。

　韓国には朝鮮時代に『経国大典』を通して示された規制があり、家の大きさはもちろん、装飾規制まで具体的に提示された。儒教的な勤倹節約が強調され、また丹青などの高価な顔料は中国から輸入しなければならなかったため、宮殿を除くすべての個人住宅には彩色、円柱、高級木材の使用が禁止された。そのため住宅の外観は至って素朴だ。一般の住宅はもちろん、班家を模倣した、宮殿内の王世子の住宅・演慶堂、王室の女性たちが住んだ楽善斎なども彩色は一切ない。

　日本も階級社会だったため、家に関する装飾制限が徹底していた。門の形や大きさは当然身分によって違い、下級武士は上流武家の座敷や床の間をまねてはいけなかった。特に明暦の大火（1657）以後、幕府は国民たちに倹約令を出して住居装飾を制限した。そのため障壁画はその歴史に幕を下ろし、住宅は装飾をしないようになった。

　このように韓国や日本の一般住宅の外観は、上流層も彩色が禁止された。これに比べ中国は、支配階層はもちろん少数民族も装飾や彩色を多用し、また好んでもいた。日本では神社のみ朱色の漆が塗

られた。韓国は宮殿と寺刹に華麗な丹青をまとわせ、宮殿ではさまざまな文様と彩色で美しく飾った。

3　居住空間のしつらえと生活様式

日中韓の住居の共通点は儒教的秩序

　日中韓の住居の共通点としては儒教的秩序を厳守し、老若男女、社会的身分などによって空間を区分する点を挙げることができる。

　四合院のような中国の住宅は、構成員の位階と性別によって居住空間を分割し、韓屋は舎廊棟、母屋、行廊棟などに序列や性別の差が表れるが、同じ部屋でもオンドルの焚き口に近い場所が上だった。日本の書院造も家長の空間を重視し、接客空間である座敷を別にした。居住空間の装飾は3カ国中、最も優れている。

　中国の住居は、中庭中心の内向性、左右対称の軸的構成、位階的秩序という原理で構成されており、閉鎖的な構造となっている。それに比べ、韓国は外部に開かれた不規則な非対称の構成で、自然空間と室内空間が大庁で通じ、内外の境界が曖昧で、自然を人為的に囲ったり操作したりせず、そのまま居住空間の一部に取り込んだ。

　また中国は中央の空間が側面の空間より常に優位にあり、中庭に向かって左にある空間が、右の空間より優位にある。

　韓屋の特性は棟と部屋の分化にある。居住空間は棟に分化され、それがまた部屋に分化される。棟は分離されることもあれば連結されることもあり、一定の配置規範に従う四合院や、集約的平面内の間の分化を根幹とする書院造とは差が大きい。

　書院造は、木造架構式、開放型構造、座式文化、家父長的秩序など韓屋と共通した点があるが、四合院や韓屋のような中庭中心ではなく、庭園を外に造成して内から眺める構造で、空間構造や自然に接する態度などに縮小志向的、人工的性向が強い。

韓国の徳寿宮の丹青
日本の下関の赤間神宮
華麗な装飾で家の前面を飾った中国の九寨溝（左側）と
蔵族村（右側）

生活様式の差は床材や壁と関係がある

　居住空間の生活様式は住む人の行動を表し、目に見える生活デザインと関連が深い。〈しつらえ〉とはまさにこのデザインのことで、装飾を含めた空間全体の造形に関する計画や美的観念が表われたものだ。日中韓３カ国は地理的には近くとも、生活様式はかなり違う。

　その違いは、気候条件に合わせた室内の床材と関連があるだろう。中国人は椅子に座ってテーブルを利用し、ベッドで寝る立式生活を続けてきた。現代では普遍的なものとなった立式生活は、座式生活に比べずっと機敏に活動することができる。濃い灰色の石材の床は水を流してもすぐ吸収され、汚れが目立ちにくい。

　中国が韓国や日本に比べ序列や身分による格式の差が比較的少ないのも、立式生活であるためだと考えられる。これは四合院の空間構造を見てもわかる。

　四合院の室内空間は、立式生活に合う大きな出入口が庭に面していて自由に出入りでき、庭と室内の境界ははっきりしていても、空間的距離は近いし、内部も開放的だ。もちろん身分間の規範意識は重要だっただろう。室内のパーティションが発達したのも、空間は連結しても上下の階層間でプライバシーを保護し、制限する必要はあったからだ。

　床材の次に生活様式に影響を及ぼした要素として、壁を挙げることができる。韓国は新石器時代からあったオンドルが冬の暖房設備として定着し、その輻射熱が外部に漏れないよう、壁をできるだけ厚くした。そのため、どうしても窓戸がなければならない場所以外は、厚い壁で四方をふさいだ。夏は、二重の窓戸を開けたり持ち上げたりして、暑さを避けた。

日本は冬の寒さより夏の蒸し暑さが問題なので、風通しを重視した。そこで薄い木の枠に紙を貼った軽い障子を用い、上部は通風のためふさがなかった。

　韓国は夏のためのマルをオンドルと共に維持し、日本は保温のため板敷きの部屋に囲炉裏を造った。中国は室内の片隅にオンドルのような〈炕〉を設置して冬の暖房に使った。

　また、３カ国とも木造建築が主体だったので、窓や戸を大きくして室内に明かりを取り込むことができた。書院造は奥の部屋や厨房などを除けば前面が障子だが、庭園を鑑賞したり夏に風を入れたりするために開放した。韓屋は分閤門を一度に上げることができるけれど、部屋は腰板の高さで遮断した。戸は二重で、外側は開き戸、内側は引き戸だ。

　中国は、上海などの江南地域は前面に戸を設置したが、北京の四合院は家の中央にだけ戸を設置し、残りの壁面には窓を造った。門はすべて開き戸だ。

　　空間構造と文化の違い

　こうした室内構造の違いは文化の違いにもつながっている。韓国と日本は床に座る姿勢に合った礼節や立ち居振る舞いを、中国は立って挨拶する礼法を重視した。日本は座る位置が序列によって定められ、韓国もまたオンドルの焚き口に近い場所を中心に上下が区分された。中国は身分によって椅子に座れるかどうかが決まった。

　また韓国はジェンダー文化が根強く、棟を分離して男女の領域を分け、色彩はもちろん家具から小物に至るまで性別によって違った。中国は世代による序列以外にも、女性の身体を制約する纏足のような風習があったものの、垂花門の内側での空間使用において、性別による違いは大きくなかったようだ。

これに比べて日本は接待用の空間と家族空間を分離させ、接待用空間が最も良い位置と広い空間を占め、家族空間は隅に追いやられた。つまり日本の住居構造の中心は家族ではなく客のための空間だった。

韓屋のオンドル部屋が中庭より高いのは、下人に対し両班の尊厳を示すためだった。

このような空間構造と文化の違いによる生活様式は、居住空間の装飾と共に発展していった。

4　住居のインテリア要素

窓や戸の装飾

窓や戸は家の造形美において重要な要素であり、その地域の気候条件とも密接な関連がある。

一般的に中国の窓や戸は華麗で装飾的な面が強く、日本では繊細さが際立っている。韓国の窓戸の装飾はさりげなく、全体のバランスを重視してリズムの変化を強調する。

窓や戸の主な機能は採光だ。現代建築の発達には板ガラスが大きな役割を果たしたが、伝統的な社会では窓や戸にも自然の材料を使わなければならず、同時に防犯もせねばならないため、人が侵入できないよう細かい格子を作ったのだろう。

格子には３カ国ともすべて紙を貼ったが、薄く高級な織物を貼る場合もあった。戸は壁の大部分を占めるため、多様で美しい格子文様を作った。

日本の格子は直線と直線の交差でできているが、韓国とは違って障子の外側に紙を貼るから外には格子がほとんど見えず、障子紙の白い面と腰板だけが見える。一般の家屋では階層を問わず彩色が禁止され、格子にも彩色をしなかった。

中国の窓や戸には曲線の透かし彫り装飾をした複雑な格子文様が多く、身分が高く富裕であるほど透かし彫りが精巧だった。格子文様には彩色を加え、形と華やかさを強調した。四合院の特徴である対称的構成は、家の前面はもちろん後面にも同一に適用され、窓や戸も対称に配置された。窓や戸は大部分開き戸で、上海、蘇州を含めた江南地域は家の前面に出入り可能な門をいくつもつけた、開放的な形だった。

　韓国の、外部に面した窓は、大部分細い格子がつけられていた。内部の窓戸は多様な格子文様をつけたけれど中国のように複雑ではなく日本のように単純でもない。戸も開き戸と引き戸を使い分け、持ち上げることができる分閤門によって空間の有機的統合を図った。

　中国は窓と戸がはっきり区分されており、格子文様が華麗で、太い木材を使用して防犯機能を強化している。韓国の窓戸の特徴は不規則性で、一つの家の中にさまざまな形の格子戸をつけ、窓と戸の区分は折衷的だ。窓戸の木材が中国のように太くないうえ、分閤門の構造上、防犯に脆弱で、扉の内側の上下に取っ手をつけて固定した。日本は窓と戸の区分がなく、木材も細く弱い。戸は施錠できず防犯に最も脆弱だ。

壁と床の装飾

　床や壁、天井の装飾は、居住様式や気候に合わせた住宅構造と関連が深い。階層と関係なくすべて石の床を造った中国に比べ、韓国や日本は座式生活にふさわしいオンドルや畳が発達した。韓国はオンドル部屋の床に丈夫な油紙を貼り、日本は畳を使った。ただ韓国は上流住宅で、夏の生活のためマルの空間がオンドル部屋に負けないほど発達し、日本の庶民住宅では、畳より板の間の方が基本的な

生活空間だった。

　壁の装飾は、中国の上流住宅では外部の窓や戸以外にも、さまざまな設備が発達した。中国以外では見ることのできないのは、紫禁城や恭王府で大規模な装飾機能を兼ねて造られた隔断だ。この木の隔断は、壁面全体に構成された。扉の大きさによって文様装飾があり、これを反復して統一感を与えた。このような要素は、空間に独特な雰囲気を与える。壁とは、ある空間領域の区画を意味する。外壁はもちろん内部の空間区画のための手段として発達したのだろうが、壁で区切られた空間の内部が中庭（院子）で、これに対する四面の装飾が、隔断でもある。つまり空間をどのように分離し区画するかについての処理方法というよりは〈虚〉の空間を装飾することが優先されたと言えるだろう。

　一方、一般の上流層でも空間を区画する機能として隔断または碧紗櫥を立て、箪も併用した。補助的な装飾としては布のカーテンを利用した。

　日本の室内に関しては、床の間以外の部屋の壁面は、補助的なものに過ぎない。つまり厨房や蔵、収納のための部屋には何の装飾もない壁を巡らせ、それ以外の間仕切りはほとんど襖や障子で、現代的に言えばフレキシブルな壁だ。障子の上部は風通しを良くするため開けてある場合もある。襖は、上流層には落ち着いた文様の紙を使ったが、直線の格子の障子には白い紙を貼り、下側に板材をつけた。そのため、障子の上部の欄間を木の格子などで飾ったものの、あまり目につかない。そして襖に描かれた障壁画は大名や将軍のような上流層の屋敷の、最高の部屋にのみ見られる。障壁画は強烈なイメージを与える、日本最高の室内壁面装飾だ。

　こうした壁面装飾の中心が、床の間だ。床の間は他の国にはない、日本独自の壁面装飾空間だ。最初は絵や仏画、中国や朝鮮から

入ってきた貴重な品を飾るために造られたものが、次第に身分の高い人の背景装飾になった。そのため床の間は書院造で最も重要な空間となった。

　中国や日本では壁面の装飾が、上流層の中でも序列を表現する手段となったのに比べ、韓国は意外にそうした差をつくらなかった。オンドル部屋や大庁では、外部の窓戸や内部の窓戸の装飾はさほど違わず、構造設備より、状況によって変化や移動が可能な屏風などを活用した。つまり韓国の班家ではオンドル部屋とマルの空間構造を同等に活用した。日本が畳部屋を多くし板の間は一部に局限したのに比べ、韓国はマルとオンドル部屋の適切な平面構成が調和を成した。つまり室内の床の二元的連結と調和だ。そのうえ、夏に景色を眺め、余暇を過ごす空間として、床を高くして楼マルを造ったのは驚きだ。

　中国は平面的には構造的差異がない同一の床であり、日本は畳を偏重し、板敷きは、廊下以外は一部に限られた。それに比べて韓国の班家はオンドル部屋とマル、楼マルといったふうに、多様な室内空間が複合的に計画され、調和していた。これは室内空間を多次元的にしつらえる建築デザインだ。

　つまり、中国は開放構造の室内を仕切るパーティションが発達し、日本は武家の身分を表す装飾背景の床の間が、韓国はマルや楼マル、オンドル部屋の床が役割に合わせて造られた。

　家具装飾
　早くから立式生活をしてきた中国では、さまざまな家具が発達した。中でも西洋と同じく立式生活の必需品である椅子やテーブルが中心だった。家具はたいてい木製で、漆が塗られ、上流階級は紫檀や花梨のような高級木材を使用した。家具の伝統装飾は、彫刻をし

て漆を塗るもので、他の材料を象嵌することもあった。興味深いのは、椅子とテーブルを常に対称に配置したことだ。テーブルを真ん中にして椅子を両横に配置するのが基本だ。これは美的観点というより、座る人のためだ。中国人は向かい合って話をするより並んで座って話をするのが昔からの慣習であり、相手に対する重要なマナーだと考える。

　寝台も重要な家具だった。寝台は一つの部屋を縮小したような優れた造形で、宇宙論的観点から、円と方形の調和を適用している。

　住宅と同じく、中国の家具もやはり複雑で精巧な文様がつけられ、花などの植物紋や幾何紋を多く使用した。テーブルは、天板の水平的造形と四本の脚の垂直的造形との調和を図った。中国のテーブルはたいてい天板下段の前面や角にも必ず数種類の透かし彫りを中心に、強い装飾文様をつけ、天板の水平的造形感を分散させた。椅子も曲線の柔らかさに重点を置いた。このような装飾造形は、対称の美が与える堅苦しさを緩和してくれる。

　日本の家具は、地震のため、それほど発達しなかった。地震が起こると家具は危険物になり得るので、家具はたいてい単純で小さく、空間を装飾する機能はほとんどなかった。家具はあまり装飾せず、大部分は衣類や物を収納する空間に置いて使用した。日本の家具はほとんど実用的な目的で製作された。

　韓国の家具は、中国のような椅子がなかったことを除けば、どの国にも劣らないほど多種多様だ。空間の大きさに合わせるため、家具は中国よりは小さい。女性の使う内房と男性の使う舎廊房では家具のデザインや装飾、材料が違う。たいていは木製だったが、女性用の家具には豪華な螺鈿や華角などを使用した。機能的に必要な飾り金具や蝶番も、内房の家具では家族の長寿や幸福を願う吉祥紋を多く使用した。陰陽五行思想を美学的表現に適用したものだ。

韓国の伝統家具で最も優れているのは、バランスの良さだ。中国の家具のように華やかな彫刻で装飾するのではなく、バランスの良さや部材の調和、板材の特性を生かしたデザインに秀でている。

　家具の配置も、中国は一貫して対称方式で、相手に並列的な対面をするようにしたのに比べ、韓国は正面から対面するが、年齢による序列で席を決めた。日本は接客の際、主人と客の身分によって座る場所が決まっていた。家族内では、家長を除外した家族はほとんど同等だった。

　一方、小物を飾るための家具として韓国には文匣や四方卓子があった。四方卓子は中国と関係のない、特別な形をしておりモダンな感じすらする。また四方卓子は基本的に４本の柱と底板でできており、均等な面分割を見せる。各空間はすべて開放したものもあり、下段や中間に収納欌を備えたものもある。これは単調な形を避けつつも安定したバランス感を強調したものだ。特に、収納欌を以外の部分をすべて開放したのは、他の文化圏には見られない造形だ。これは装飾品に対する空間の有機的貫通性を与えたものだ。さらに壁面や周辺空間との調和まで配慮していることを考えれば、優れた美的感性を示したものだと言える。

屏風と衝立の装飾

　空間を装飾するための要素は多いが、東アジアでは屏風や衝立がよく使われた。中国は部屋の扉の前に視覚的遮断用に立てるどっしりした衝立も、屏風と呼んだ。韓国では骨組みは板材で、表現する面には絵や書画、または刺繍を使用した。日本も屏風の構成は韓国と類似していたが、大きさや絵の性格が異なった。

　中国に残っている屏風は、黒い背景に当時の人文学的内容を描写した、重厚な漆塗りのものが代表的だ。

韓国の屏風は２幅から12幅まで大きさや機能によって使い道に差がある。嬰児や幼児を保護するための、低い〈子供屏風〉、冬季の風を防ぐもの、内房や舍廊房の背景装飾、婚礼や祭祀、喪礼などの儀礼用屏風などさまざまな種類があった。つまり韓国の屏風は、日常または儀式に際していろいろな目的で使われる装飾品だった。

　日本では屏風が貴重品で、庶民はほとんど所有していなかった。博物館に残っている屏風は一つの絵で構成されたものが多く、当時のある事実を構成したものもある。住宅では衝立をよく使用した。低く小さい衝立は今日でも座った時の目隠しや、空間への進入を制止するための信号として使用している。

　このように屏風を通しても３カ国の生活文化的差を知ることができる。中国は屏風使用が主に部屋の使用者の私生活を視覚的に遮断し、訪問者には空間侵入に対する循環的誘導を表したと見ることができる。これに比べて韓国は背景装飾として多く使用し、私的な空間の保護とは関係が少なかった。日本は韓国や中国とは反対に日常で屏風をあまり活用しなかった。屏風は空間の開放構造を阻害するから、日本人、特に空間が常に視野に入らねばならない武士の生活には合わなかったのだ。つまり装飾であり目隠しとしての屏風は、基本的には人間関係に関する文化の差によって形や使い方に大きな差があった。

　屏風以外に室内を装飾する重要な要素の一つが絵画だ。中国唐代の山水画や宋代の花鳥画、元代の文人画などは、書道と共に韓国と日本に多くの影響を与えた。このような絵はすべて掛け軸や後代の額縁で飾られた。しかし日本はこの絵を、室内空間の装飾インテリアとして活用した。屏風に使用した大きな絵を、襖の全面に適用した障壁画がそうだ。これは床の間と共に身分の高さを表しており、装飾効果も大きい。

一方、掛け軸や額縁ではなくても、日常の中で書画を楽しんだのは韓国だ。屏風はもちろん、扁額や柱聯を楽しみ、書画を部屋の障子に貼って飾りにした。それだけではなく部屋の納戸の戸にも種々の書画を飾った。このような風流は、芸術を柔軟な態度で日常空間に採り入れたことの表れだと言える。美を暮らしの中で楽しむということは、伝統的封建社会ではそれほど簡単なことではなかったはずだからだ。（終）

本書に他の書籍から引用された文章については、原文が日本語のものや日本語翻訳書があるものも含め、ほとんど韓国語文から日本語に直したものである。（訳者）

図版出典

『깊게 본 중국의 주택―중국의 주거문화 하』（손세관，열화당，2001）p.38（上）

『図説　日本住宅の歴史』（平井聖、学芸出版社、1980）p.117

『蘇州園林』（陳従周、上海世紀出版股彬有限公司、2012）p.49

『北京四合院』（北京美術撮影出版社、1993）p.36

『北京四合院』王基明、中国建築工業出版社、2000）p.26

『北京四合院建築』（馬炳堅、天津大学出版社、2001）p.23、25、38（下）、41、
　　46（下）、72（下）、76、78、83、86

『日本人の住まい――住居と生活の歴史』（稲葉和也・中山繁信、彰国社、
　　2008）p.114

『紫禁城帝后生活』（故宮博物院、中国旅游出版社、1993）p.87（左上）、89

『한국의 전통가옥 기록화보고서 15 강릉 선교장』（문화재청，2007）p.192

『한국의 전통가옥 기록화보고서 16 정읍 김동수 가옥』（문화재청，2007）p.196

『한국의 전통가옥 기록화보고서 17 윤증 선생 고택』（문화재청，2007）p.187(上)

『한국의 전통가옥 기록화보고서 21 구례 운조루』（문화재청，2007）p.190

韓国国立中央博物館　p.211、213、218、222

上海博物館　p.91

成巽閣説明資料集　p.128(下)

中国国立歴史博物館　p.19

パク・ソンヒ　p.31、46（上）、47、50、51〜53、55、57、59、62、63、68、
　　70、72(上)、85、87(右上、下)、105、107、109、120、121、123、124、
　　128(上)、129、131、132、133、134、138、140、143、145、147、149、
　　151、155、160、179、181、183、185、187(下)、195、204、250、256

――本書に収録された写真の大部分は著作権者の使用許可を得ていますが、得られていないものについては確認でき次第、手続きに従って処理します。（著者）

〈著者紹介〉

パク・ソンヒ（朴善姫）
延世大学卒業、理学博士。専攻は韓国住居史。
全北大学教授、韓国住居学会会長、昭和女子大学客員教授、ブリティッシュ
コロンビア大学客員教授などを歴任し、現在は文化財庁文化財委員を務めて
いる。著書に『韓国の住居と暮らし』（共著）、『インテリアカラーコーディ
ネーションの理解』などがある。

〈訳者紹介〉

吉川凪（よしかわ なぎ）
仁荷大学国文科大学院で韓国近代文学を専攻。文学博士。著書に『朝鮮最初
のモダニスト鄭芝溶（チョンジヨン）』、『京城のダダ、東京のダダ──高漢容（コハニョン）と仲間たち』、訳
書としてチョン・ソヨン『となりのヨンヒさん』、朴景利（パクキョンニ）『土地』などがあ
る。金英夏（キムヨンハ）『殺人者の記憶法』で第四回日本翻訳大賞受賞。

日・中・韓　伝統インテリア──四合院、書院造、班家韓屋（バンガハノク）を中心に
クオン人文・社会シリーズ

2020 年 6 月 25 日　初版第 1 刷発行
2021 年 5 月 31 日　第 2 刷発行

著者 ……………… パク・ソンヒ（朴善姫）
翻訳 ……………… 吉川凪
発行人 ………… 永田金司　金承福
発行所 ………… 株式会社クオン
　　　　　　　　〒 101-0051　東京都千代田区神田神保町 1-7-3 三光堂ビル 3 F
　　　　　　　　電話：03-5244-5426 ／ Fax：03-5244-5428
編集 ……………… 青嶋昌子
ブックデザイン … 桂川潤
DTP ……………… 菅原政美
印刷 ……………… 倉敷印刷株式会社

URL http://www.cuon.jp/
ISBN 978-4-910214-01-6 C0070 ¥2200 E
万一、落丁乱丁のある場合はお取り替えいたします。小社までご連絡ください。